KB254177

흔들리는 대한민국,
위기를 넘어서 희망의 미래로

흔들리는 대한민국,
위기를 넘어서 희망의 미래로

초판 1쇄 인쇄일_2009년 5월 15일
초판 1쇄 발행일_2009년 5월 22일

지은이_ 김성배
펴낸이_ 최길주

펴낸곳_도서출판 BG북갤러리
등록일자_2003년 11월 5일(제318-2003-00130호)
주소_서울시 영등포구 여의도동 14-5 아크로폴리스 406호
전화_02)761-7005(代) ㅣ 팩스_02)761-7995
홈페이지_http://www.bookgallery.co.kr
E-mail_cgjpower@yahoo.co.kr

값 10,000원

* 잘못된 책은 바꾸어 드립니다.

ISBN 978-89-91177-77-2 03320

흔들리는 대한민국

위기를 넘어서 희망의 미래로

| 김성배 지음 |

BG 북갤러리

國力培養
統一成就

統一主體國民會議代議員 壹 위하여
一九七五年 乙卯 元旦
大統領 朴正熙

위기는 오게 마련이다. 위기가 오기 전에 예측하고 대비하는 것이 최상이나, 그것은 누구도 모르는 일이다. 그렇기 때문에 다가온 위기를 슬기롭게 헤쳐 가는 방법을 알아내는 것이 또한 중요하다.

우리가 지금 겪고 있는 위기는 이제까지 역사 속에서 겪었던 어떤 위기보다도 혹독할지도 모른다. 왜냐하면 이전의 위기는 기록 속의 일로 우리의 선조가 체험했던 일이지 우리 스스로가 경험한 일이 아니기 때문이다. 그러나 지금 우리에게 다가온 위기는 우리가 뼈저리게 느껴야 할 현실의 일이며, 우리가 고통을 통해 이겨내야 할 일이다.

이 책에서는 위기의 원인이 무엇이며, 어떻게 시작하였는지를 먼저 분석하였다. 그리고 현재 어떠한 식으로 위기가 전개되고 있는지를 알아보았고, 어떻게 해결할 것인지를 모색하였다.

우리는 자본주의 사회에 살고 있다. 자본주의는 사유재산을 인정하고 자신의 능력껏 자산을 축적하여 부자가 되어도 좋다는 주의이다. 그러나 지금의 자본주의는 자본주의의 원칙을 벗어나고 있다. 자본이란 생산을 하기 위해 필요한 토지, 노동, 금융자금을 말하는데, 지금의 자본주의는 생산과 전혀 관계없는 유동성만으로 자금을 운용하여 자산을 축적하고 있다.

이것은 명백한 불로소득이며, 추악한 돈놀이임에도 불구하고 잘못된 사회의식 속에 하나의 재테크인 양 포장하여 자본주의의 근간을 뒤흔들고 있다. 자금이 생산에 필요한 자본이 되지 못한다면, 그것은 자본주의가 아니고 '자금주의'이다.

자금주의는 땀과 노동이 섞이지 않는 불로소득으로 쉽게 살 수 있는 사회를 만들어 결국 배금주의 사회로 나아가게 한다. 그래서 지금 우리 사회가 배금주의에 만연한 것도 이러한 이유이다. 또한 이러한 배금주의는 물질만능주의 풍조를 몰고 와 현대사회에 온갖 사회악적인 요소들을 퍼트리게 된 것이다.

이와 같이 잘못된 불로 자본주의가 자금주의를 낳고, 자금주의는 배금주의로 변질되어 사회 속에 물질만능주의 풍조를 퍼트렸다. 이 과정 속에서 적당히 노력 없이 살려는 불로소득자가 사회에 거품을 일으켜, 우리는 전대미문의 유동성 위기를 맞게 된 것이다.

지금 우리가 겪고 있는, 그리고 앞으로도 상당 기간 겪어야 할 유동성 위기는 그 근본 원인에 대한 개혁 없이는 쉽게 해결될 수 없으며, 설사 미봉책으로 일시적인 해결이되더라도 또다시 재발되는 만성적인 상태가 되어 우리를 계속 고통 속에 몰아넣을 것이다.

과거에 우리는 대공황이나 오일쇼크 그리고 외환위기 등의 사회적 위기 상황을 겪었다. 그리고 어떠한 방법으로든 위기를 해결하도록 노력하였고, 또 해결이 되었다. 지금의 유동성 위기도 우리에게 직접 고통을 주고 인내를 요구 하지만, 언젠가는 해결이 될 것이다. 과거에 견주어 미래를 예측하고 준비하면 우리는 더욱 나은 미래로 나아갈 수 있음을 명심하고 지금의 위기를 슬기롭게 헤쳐 나가야 하겠다. 그때는 그 고통의 시간도 우리에게 보다 나은 미래를 만들기 위한 원동력이 될 것이다.

끝으로 이 책이 나오기까지 물심양면으로 도움을 주시고 소중한 시간을 내서 감수해 주신 김미영 박사님께 지면을 빌어 감사를 드립니다.

강남에서 恕舍 **金 成 培**

國	統	克
力	一	復
培	**成**	**金**
濬	就	亂

*)

---

*) 국력을 키워 통일을 이루고 금융대란을 극복하자.

목차

2. 유동성 위기의 대처법 /119

〈국가〉

넷, 미래를 위하여 무엇을 할 것인가

하나,
위기는
어떻게 시작되었는가

1. 유동성이란

유동성이란

유동성은 생산과 소비를 주축으로 하는 실물경제에 대비되는 개념으로 생산과 소비의 틀 속에서 교환의 가치를 갖고 연결고리 역할을 한다. 그리고 또한 개인이나 기업이 소유하고 있는 자산을 유효 적절한 시기에 현금화시킬 수 있는 환금성의 척도를 나타낸다.

이것은 개인이나 기업이 재산 및 자산의 증식을 위해 투자 대상을 물색할 때 그 투자 대상이 자신이 필요한 시기에 현금으로 어떻게 전환될 수 있는지 여부를 고려하여 투자를 하게 되며, 그 환금성의 정도를 유동성이라 한다.

또한 유동성은 자산의 유동성과 경제체계 주체로서의 유동성으로 나뉘며, 자산의 유동성은 화폐의 유동성과 화폐 이외의 유동성으로 나넌다.

화폐의 유동성은 화폐가 다른 재화나 용역으로 전환되는 것이다. 화폐는 우리 사회에서 통용되는 교환 수단으로 가장 효용성이 커 유동성 또한 가장 높다. 그래서 현재의 경제체제 내에서의 모든 유동성은 화폐의 유동성을 근간으로 이루어진다.

현대 사회에서 지금까지 화폐 이외의 유동성 역할을 해온 것은 부동산과 증권 및 펀드가 있으며, 이것을 통해 화폐의 교환성이나 환금성의 범위도 크게 확대되고 투자처의 영역도 크게 넓어졌다.

그러나 부동산과 증권 및 펀드 등은 매력적인 투자처이지만 나름대로의 결점을 가지고 있다. 그 중 증권과 펀드는 환금성은 좋으나 투기성이 강하고, 부동산은 비교적 안정적이나 환금성이 좋지 않은 단점이 있다.

이러한 부동산의 단점은 정책이나 경제 여건이 변화할 때 다른 화폐나 유가증권에 비해 유동성이 현저하게 떨어지기 때문에 유동성 위기를 유발시키는 한 요인이 된다.

유동성의 주체인 화폐(돈)의 가치와 역할

화폐의 사회적 가치는 유동성의 주체로 생산과 소비의 연결에 있다. 유동성은 말뜻과 같이 돌아다닌다는 움직이는 성질을 의미한다. 이것은 마치 우리 몸의 혈액과 같이 몸의 각 부분을 돌아다니며, 필요한 영양분도 공급하고, 부수적으로 생산된 노폐물도 운반하여, 몸 밖으로 노폐물을 배출할 수 있도록 하는 역할일 것이다.

생산성은 몸의 각 부분에 에너지를 전달하여 장기 및 근육 등을 움직이게 하는 것을 뜻한다. 돈이 산업의 생산성을 도와 생산 활동을 원활하게 하고, 소비를 진작하는 역할을 한다는 의미이다. 이렇듯 돈은 다목적 칼과 같이 유동성과 생산 및 소비를 동시에 아울러 조정하고 교환하며, 순환하여야 비로소 원만한 사회적 가치를 다할 수 있다. 그러나 현재에 와서는 돈의 금융적 이미지만 부여되어 유동성만 강조되고 있다. 그래서 우리 사회는 돈 본연의 역할을 넘어 돈만으로의 가치를 가지고 돈을 회전시킴으로써 그것에서 발생되는 비생산적 유동성으로 부가가치를 창출하고, 그에 따른 이득과 혜택만을 향유하려고 한다. 오늘날 금융 산업은 사채 금융 및 보험, 부동산 대출, 주식 활성화와 펀드 운영과 같은 돈의 유동성에 따른 불로소득이 일반화되어 돈을 공회전시키고 있다. 이러한 공회전의 결과는 미국 사회에서 현재 금융기업들의 몰락으로 잘 보여지고 있다. 지금의 미국 사회는 돈의 원칙적 역할을 무시하고 유동성만을 강조하여, 주식 투기와 주택가격 상승을 부추기고 그 부실로 인해 거대 금융기업 등의 도산과 실물경제 전반에 악영향을 미치고 있다.

이는 한국의 경우도 크게 다르지 않다. 한국의 경우도 부동산 경기 활성화, 금융 산업 육성, 증시 부양 등을 통한 펀드 투기 등의 재화의 유동성만을 키웠왔다. 그리고 그것을 통해 재테크라는 명목 하에 생산성 없는 돈의 공회전을 계속하고 있다. 따라서 우리도 미국의 경우와 같이 또 다른 유동성 위기를 맞을 수밖에 없는 것이다.

사회가 안정적으로 지속적인 발전을 하고자 하는 데 있어 돈의 역할은 대단히 중요하다. 그러나 돈의 본연의 역할을 무시하고 유동성의 어느 한 기능만 강조한다면, 사회에 불균형을 줄 뿐만 아니라 그로 인한 여러 가지 폐해가 발생된다. 이것이 또 다른 사회적 리스크를 만들어 사회

구성원에게 큰 피해를 안겨 줄 수밖에 없다. 지금과 같이 돈의 유동성만을 키워서 마치 금융 산업이 사회의 영광과 발전을 이끌어 주는 것처럼 조장해 나간다면, 오히려 원료공급 없이 헛도는 기계와 같이 아무 쓸모 없는 금융 산업으로 변할 것이다. 이렇듯 도가 지나치게 돈의 비생산적 유동성만이 강조된다면, 이는 반드시 역작용을 일으켜 오히려 사회적 불신감을 키우게 된다. 이러한 유동성 강조는 결국 금융 산업의 목에 칼을 들이대는 형태로 나타나 금융 산업의 전체적 몰락을 자초할 수 있다.

그러나 화폐는 유동성의 안정성을 결정하는 가장 중요한 요소임에도 불구하고 자신의 우월적 지위를 이용하여 생산과 소비의 유동성 원활화라는 역할보다는 손쉬운 재산증식의 한 방편으로 전락하고 있다.

유동성의 역할

유동성은 생산과 소비의 가교역할을 한다. 인간의 삶은 생산에서 소비에 이르는 일련의 과정 속에서 형성된다. 삶 자체가 생명을 유지하기 위해 소비가 절대적으로 필요하기 때문에 생산과 소비는 늘 불가분의 관계에 있다. 그러나 생산성은 소비성과 그 특성이 확연히 다르다. 다시 말하면 생산성은 그 규모나 정도를 키우기 위해 과학적이고 기술적이며 합리적인 발전이 요구되는 반면에, 소비성은 즉흥적이고 비효율적이며 체계화되지 못했다. 그래서 소비성 분야도 생산성과 같이 과학화와 효율적인 소비경향을 가질 수 있도록 점진적으로 개혁해 나가야 하며, 소비자들의 의식도 고쳐 나가야 한다. 이러한 생산과 소비의 일관된 과정이 형성되면 생산과 소비의 중간에 조절

역할을 하는 유동성 또한 자신 본연의 역할에 충실하도록 고쳐져야 한다.

유동성의 본연의 역할이란 첫째는 생산성과 소비성의 중개자 역할이다. 즉, 교환의 가치를 가지고 상호간의 소통을 원활이 해주는 것이 본연의 자세이다. 둘째는 사회의 고용확대에 기여해야 한다. 셋째는 부의 집중 완화이며, 빈부격차에 따른 소득분할의 편중을 완화시키는 역할을 해야 한다. 넷째는 건전성을 가져야 한다. 건전성은 성실한 노력을 통해 필요한 것을 얻는다는 원칙에서 시작되어야 한다.

원시 사회에서는 생산과 소비가 일치되어 유동성이 개입되지 않았으나, 농경정착 이후 물물교환 시대를 거쳐 산업화되면서 교환가치의 유동성이 필요하게 되었다. 이때의 유동성은 생산과 소비 사이의 중개 역할이지 유동성이 자신의 독자적인 가치로 존재했던 것이 아니다. 그러나 근대에 와서는 유동성이 독자적 가치로 인정받고, 그것이 마치 생산성 산업인 것처럼 분류되기 시작했다. 원칙적으로 유동성은 생산성과 소비성 사이를 중개하는 연결고리나 윤활유와 같은 역할이지 생산성과 같은 주체성을 가진 실물경제는 아니다. 유동성은 실물경제를 도와 음식에서 쓰이는 조미료와 같이 보다 풍부한 경제 운용이 되도록 도와주는 역할을 해야 한다. 우리의 식단에서 조미료가 하는 역할은 음식의 맛을 좋게 해주는 보조적인 재료이지 생명을 유지할 수 있는 주된 음식이 아니다. 다시 말하면 조미료 첨가 없이 먹는 요리는 다소 맛은 없을지언정, 먹고 사는 데는 지장이 없는 것이다. 유동성 또한 윤활유나 조미료와 같은 역할에 충실해야지 유동성이 주체가 되어 파생상품을 개발하고, 그것이 하나의 단독적 경제 단위로 처신한다면, 결국에는 조미료가 과한 음식이나 윤활유로 가는 자동차와 같아서 건강을 해치거나 갈 수 없는 자동차가 되는 것과 마찬가지로 우리 사회를 어려움에 처하게 할 수 있다. 이렇듯 정도가 지나친 유동성이 유동성 위기의 원인이 되어 우리 사회에 악영향을 끼치게 되는 것이다. 그래서 유동성은 자기 본연의 자세로 되돌아가야 한다.

유동성의 변천

유동성의 변천 과정을 살펴보면 다음과 같이 4단계로 볼 수 있다.

- 제1단계는 생산과 소비가 직접 연결되는 물물교환 시기로 고용과 유동성이 존재하지 않았던 시기이다.
- 제2단계는 실물경제의 연결고리로서의 유동성이 성립되고, 화폐의 교환가치가 중요시되던 시절로 화폐가 유동성인 시기이다.
- 제3단계는 유동성의 팽창기로 유동성이 화폐의 교환가치 외에 유가증권이 발행되고 이용되기 시작한 시기이다.
- 제4단계는 유동성이 독립적 경제 주체로 전환되어 생산과 소비의 실물경제 영향으로부터 벗어나 주도적으로 경제체계를 운영하는 시기이다.

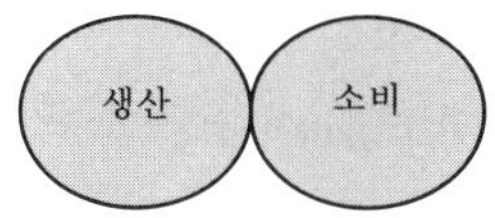

- 물물교환 단계

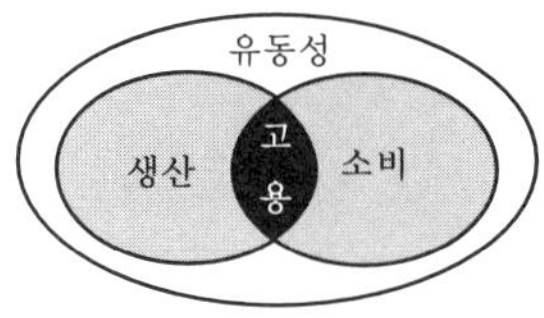

- 화폐가 유동성의 주류를 이룬 시기로, 고용은 주로 생산과 소비의 영역에서 존재했다.

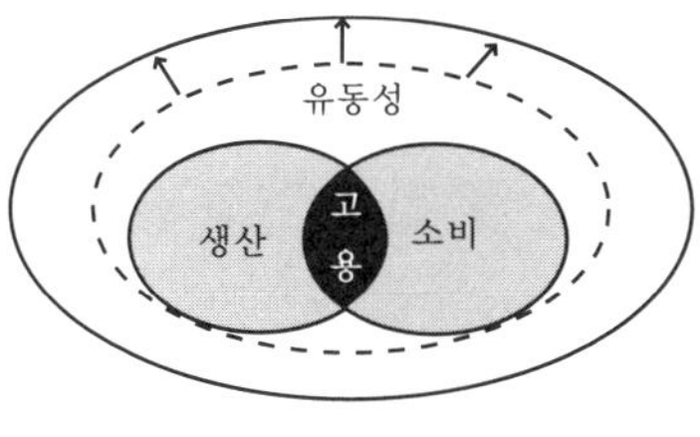

- 유동성이 팽창되면서 실물경제의 영역을 벗어나 새로운 교환가치를 갖는 것들이 나타났다.

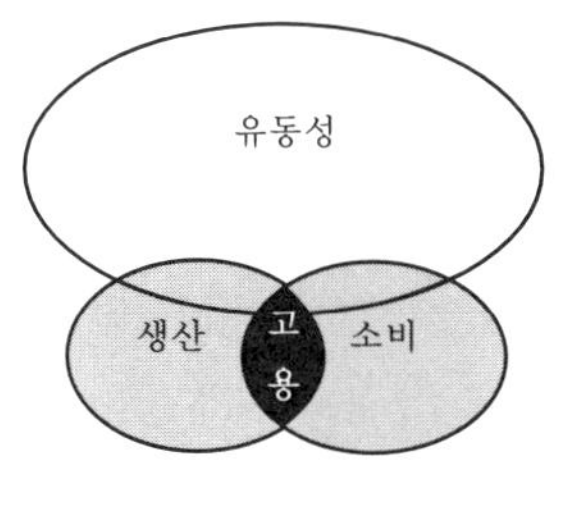

- 유동성이 별개의 경제 주체로 독립되면서, 생산과 소비의 실물경제와는 별개로 전체 경제체계를 주도하였다.

유동성과 그레셤 법칙

그레셤 법칙이란 16세기 영국의 금융가 토머스 그레셤(Thomas Gresham)이 주창한 **'악화가 양화를 구축 한다'** 는 법칙을 지칭한다.

이는 16세기 영국에서 고가의 금화가 시장에서 통용될 때, 금화의 둘레가 깎여 크기가 작아진 금화를 불량화폐인 '악화' 라 하고 초기에 발행된 정상화폐를 '양화' 라고 하여 **불량화폐가 시장에서 정상화폐를 몰아내고 주인 행세를 한다**는 것을 말한다.

금화가 유통되는 과정에서 사욕에 찬 사람들은 금화의 둘레를 깎아 금가루를 취했고, 이렇게 취한 금가루를 다시 다른 금화나 금붙이로 만들어 기만적 부가가치를 창출하였다. 또한 이렇게 만들어진 불량화폐가 시장에 액면가대로 통용되었기 때문에 양화가 사라지고 악화만이 통용되는 현상이 사회 전반적으로 퍼지게 되었다. 액면가대로 통용시켰기 때문에 그런 현상이 사회 전반적으로 퍼져 결국 '양화' 가 사라지고 '악화' 만이 통용되게 되었다.

그러나 악화도 초기에는 그 깎인 정도가 적어 불량화폐가 아닌 것으로 통용되었으나, 인간의 욕심이 점차 도가 지나쳐 금화의 둘레를 점점 심하게 깎아내 금화로서의 가치를 상실할 정도로 훼손이 심해졌다. 그래서 결국에는 금화에 대한 신뢰가 떨어져 통화로서의 역할을 못하게 되어 그 당시 사회적 문제가 되었다.

이러한 사회적 문제를 해결하고 악화의 사용을 통제하기 위해 금화 둘레에 톱니를 두었다. 그 후 톱니가 훼손된 금화의 통용은 금지되어 정

영국 금화로 1887년경 빅토리아 여왕시절 발행된 금화이며, 금화 둘레에 훼손을 못하도록 톱니가 설치되어 있다.

영국 금화로 1341-1343년경인 에드워드 3세 때 발행된 금화로 금화의 둘레가 훼손되어 있다.

* 참고 자료 : 인터넷, 영국 금화

상화폐인 양화가 되살아났다.

이것에서 우리는 사필규정의 사회적 현상을 볼 수 있다. 금화의 시장 유통 초기에는 악화가 양화를 구축하지만, 더 이상 금화의 둘레를 깎아 불로소득을 취하는 추악한 행위를 못하게 하도록 화폐에 대한 적절한 제도적 장치를 만들어 금화의 화폐로서의 신뢰와 통화의 안정을 가져왔다.

유동성은 화폐와 같이 교환가치를 가지고 움직이는 금융 산업, 증권, 부동산으로 대별될 수 있으며, 이것이 현재의 자본주의의 근간을 이룬다. 부동산은 재산 가치로서 소유하는 물건이고, 금융 산업은 돈을 자산으로 하고, 증권은 회사의 주식으로 표현되는 자본이다. 이러한 유동성에서의 문제점은 경제흐름의 보조 수단임에도 불구하고 자본주의 경제체계 내에서 경제 주체가 되어 독립적으로 움직인다는 것이다.

다시 말해 돈만 가지고도 돈을 벌 수 있다는 것을 용인한 것이 오늘날의 모습이다. 이것은 앞서 이야기한 그레셤 법칙에서와 같이 금화의 둘레를 깎아 '악화'를 만들어 놓고 그러한 방법으로 창출한 부가가치를 자산의 또 다른 증식의 수단으로 인정한다는 것이다. 이것은 유동성의 신뢰를 깨는 잘못된 행위이다. 생산에 투여하는 노력으로 돈을 벌어 소비를 하여야 함에도 불구하고, 땀 흘림 없이 돈을 이용해 돈을 번다는 것은 앞서 서술한 '악화' 양산의 경우와 다를 바가 없다.

혹자는 "돈 가지고 돈 벌기가 얼마나 힘든데"라고 말한다. 이것은 정상화폐(양화)의 둘레를 깎아 다른 금붙이로 만들고 나서, "나도 노력해서 금을 얻었다"라고 말하는 것과 무엇이 다르겠는가. 다시 엄밀히 말하면, 돈 가지고 돈을 버는 행위는 돈에 대한 부가가치 창출이 아니고, 사회적 신뢰를 손상해 가면서 남의 돈을 거저 얻거나 기만해서 이득을 취하는 행위와 같은 것이다. 그래서 유동성 분야는 '악화'를 규제하는 것 같이 둘레에 톱니를 설치해 허황된 부가가치 창출을 못하게 만들어야 한다. 더 나아가서 둘레를 깎지 말라고 권고하는 정도로 그쳐서는 안 될 것이다.

과잉 유동성이 거품을 일으킨다

경제체계의 3개 축은 생산, 소비, 유동성으로 과거의 역사 속에서 우리는 과잉생산과 과소비를 실물경제의 위기로 맞아 큰 고통을 경험한 바 있다. 그 당시 우리는 과잉생산은 대량소비로, 과소비는 대량 생산으로 서로간의 균형을 이루어 해결하였다. 그렇지만 유동성은 자체가 독립성을 갖는 경제의 주체가 아니고 생산과 소비간의 연결고리이기 때문에 과잉된 유동성은 자신뿐 아니라 생산과 소비 그리고 그 사이에 놓여있는 고용까지 손상을 입힐 수밖에 없다.

과잉 유동성이란 생산과 소비 간에 연결고리로서 적절한 범위 내에서의 자기 역할을 다하는 유동성의 본분을 벗어나 경제의 또 다른 주체로서 돈을 이용하여 부가적 재화를 창출하려는 행위에서 일어나는 현상이다.

이와 같은 과잉 유동성은 금융 산업이 예금과 대출의 범위를 벗어나 스스로 이익을 창출하려는 펀드와 기업지배를 위한 자금으로 전환될 때, 증권이 기업과는 별개로 하나의 시장을 형성하여 돈 놓고 돈 먹기 식의 투기판으로 전환될 때, 또는 부동산을 이용하여 손쉽게 재산을 증식하기 위해 금융기관을 이용하거나 금융기관이 개입하여 부동산 가격을 조작하는 행위 모두가 해당된다.

이러한 **과잉 유동성은 비누의 경우와 같아서 비비면 비빌수록 거품이 일게 된다.** 그렇게 일궈진 거품은 마치 비누에서 생긴 부가가치처럼 인정되어 그것을 마음껏 향유하게 된다. 그러나 결국 비누거품이 다 걷히고 나면 처음의 비누는 반쪽짜리 비누조각으로 남는다. 이렇듯 과잉 유동성은, 경제에 거품을 일으켜 우리의 경제를 반토막낼 수 있다.

비정상 유동성이 정상 유동성을 퇴출한다

'악화' 가 '양화' 를 구축한다는 그레셤 법칙을 유동성에 적용해 보면, **비정상 유동성이 정상 유동성을 몰**

아낸다고 표현할 수 있다. 이는 유동성의 역할이 정상궤도를 벗어나 비정상 상태가 되어도, 그 비정상 상태의 유동성이 추출되기는커녕 정상적 유동성을 오히려 몰아낸다는 의미이다. **금융기관의 정상적 역할인 생산과 소비의 연결고리로서의 정상적인 유동성의 역할을 벗어나 독립적 경제 주체가 되는 비정상 상태로의 진행인 것이다.** 이러한 현상은 인간의 이기심에 의해 쉽게 화폐의 가치를 키울 수 있다는 점에서 선호되고 확장되어, 결국 굴러온 돌이 박힌 돌을 몰아내는 것 같은 상황이 벌어진다.

유동성은 화폐의 유동성과 화폐 이외의 유동성으로 분류된다. 화폐 이외의 유동성에는 부동산, 증권, 펀드 및 파생금융상품 등이 해당되며, 화폐 이외의 유동성에는 투기들이 개입할 우려가 커서 비정상적 유동성이라고 볼 수 있다. 이러한 비정상적인 유동성이 오히려 정상적인 유동성보다 규모나 범위가 더 커져서 이제는 오히려 비정상 유동성이 실제 유동성인 것처럼 되었다. 이러한 이유로 정상 유동성이 설 자리를 잃거나 위축되어 대부분의 금융기관에서는 비정상적 유동성 분야에 치중하고 있다.

우리가 현재 겪고 있는 유동성 위기는 이러한 비정상적 유동성이 유동성의 주류가 되어 불로소득으로 의한 소득이 합법화되고 권고되면서부터 예정된 것이다. 이러한 비정상적 유동성은 생산과의 연결고리가 없는 비생산적 특성을 가지고 있기 때문에, 비누에 물을 적셔 거품을 일으키는 것과 같다. 그리고 우리는 이러한 비정상적 유동성을 통해 거품의 혜택을 수혜받았다. 그러나 이 거품은 자체의 생산성이 없기 때문에, 현재 우리는 우리 후손의 몫을 가불해 쓰고 있는 것과 마찬가지이다. 우리의 잘못된 처사로 인해 후손에게 빚을 남겨 고통을 넘겨주는 무책임한 선조가 되어가고 있다.

2. 유동성 위기의 역사

대공황과 뉴딜 정책

1918년 1차 세계대전이 끝난 후 미국의 경제가 침체되기 시작하자, 미국은 고평가된 달러화의 가치평가 절하를 통해 통화 팽창을 통한 경기를 부양시키려 시도했다. 그러나 통화량 증가는 인플레이션을 유발하였기에 다시 통화 긴축정책을 실시하였다. 그 과정에서 증권 시장에서는 주식 투매가 시작되었고, 1929년 10월에는 증시폭락으로 이어져 대공황이 시작되었다. 이 이전까지 미국 경제는 계속적인 생산증가에 힘입어 고용이 유지되면서 소비가 진작되어 생산과 소비의 균형이 이루어졌고 유동성 또한 적절히 자기 역할을 하였다. 그러나 1920년대 후반에 들면서 생산이 소비를 앞지르는 생산 과잉 상태로 가다가 결국 재고가 넘쳐 대공황에 빠진 것이다. 대량 생산의 여파로 재고가 늘어가면서 소비가 뒤따르지 못해 결국 과잉생산화되었다.

이로 인해 생산성 분야의 고용이 위축되고 고용이 줄어들면서 소비는 더욱 축소되는 악순환 과정에서 대량실업이 발생하였다.

이후 1939년까지 생산물 내다버리기 등의 공급 통제 정책과 뉴딜정책 등으로 실업과정에만 초점을 맞추어 사회간접자본 부분에 치중하여, 일시적인 고용을 해결하였다. 그러나 이러한 고용정책은 저임고용이고 임시적이기 때문에 결국 또 다른 사회적 문제가 생겨 실제로는 실패한 정책이었다. 저임고용을 확대하여 일부 생산 과잉에 대한 해소책을 썼으나, 이는 실제적 해소책이 되지 못했다. 실질적 해소책은 유럽에서의 제2차 세계대전의 발발로, 비로소 미국에 쌓여있던 재고품이 전쟁 군수물자 판매로 인해 유럽시장 판로가 열려 공장 고용이 확대된 것이다. 2차 세계대전 후반에 미국이 전쟁에 참전하면서부터 수백만의 사람들이 군대라는 저임고용과 미국 내 군수공장의 활성화로 인해 고용이 확대되면서 대공황이 자연스럽게 해결되었던 것이다. 이것은 미국의 고용악화 지수에서 살펴볼 수 있듯이, 전쟁이 끝난 후 미국의 실업자 수가 전쟁 중에 비해 더욱 증가된 것으로 알 수 있다. 역사는 마치 루즈벨트의 '뉴딜 정책'이 대공황을 해결해 준 것처럼 말하고 있다. 그러나 이것은 2차 세계대전이라는 전쟁이 경제위기를 해결해 주었다는 것을 인정하고 싶지 않은 것 때문에 생긴 역사적 오류라고 본다. 그 후에도 미국은 주기적으로 또 다른 생산 및 고용 위기에 몰렸으나, 1950년대에는 한국전쟁을 통해 다시 인적, 물적 자원을 소진하여 생산, 고용, 소비의 균형을 찾았다. 또한 1960년대에는 월남전에 참여하여 또 다시 생산, 소비의 균형을 이루었고, 그 후에도 중동전 등의 반복된 전쟁을 통해 미국은 과잉생산을 대량소비로 해결하면서 자신의 생산능력을 유지해 나갔다.

미국의 세계경제 지배

2차 세계대전은 독일 히틀러에 의해 촉발되고 세계대전화되었다. 세계대전은 유럽에서 시작하였으나, 실제적 전쟁은 미국과 독일과의 전쟁으로 귀결된다.

관점을 바꾸어 이 전쟁의 내면을 살펴보면, 유럽의 유대인을 몰살하려는 독일의 히틀러와 동족 참상에 대한 원한을 갖은 미국계 유대인과의 전쟁으로 볼 수 있다. 그 당시 미국 경제를 장악하고 있던 유대계 경제인들은 아우슈비츠나 기타의 수용소에서 600만 명에 달하는 유대인이 죽어나가는 참혹한 상황을 보며 미국의 전쟁 참여를 독려하였고, 그러던 중 일본의 진주만 폭격으로 미국은 자연스럽게 전쟁에 참전하게 되었다.

그 당시 미국은 대공황으로 인해 오랫동안 경제가 침체되어 있었고, 그 때문에 외적으로 유럽전쟁에 참여할 능력이 없었다. 오히려 유럽전쟁을 통해 자국의 수출, 생산이 활성화되어 큰 이익을 보고 있던 중이었다. 그러나 미국 경제를 장악하고 있는 유대계 경제인과 정치가들의 욕망이 맞아 떨어져 결국에는 2차 세계대전에 참여하여, 독일을 상대로 한 전쟁에서 승전하게 되었다. 이것은 미국 유대인이 독일 박해자를 상대로 한 전쟁의 승리이다. 그 후 유대계 경제인들은 전승국이며 초강대국화된 미국의 경제를 장악하였고, 그것을 통해 유럽을 비롯한 세계경제를 좌지우지하게 되었다.

전후의 세계경제 논리는 미국을 중심으로 재편되었으며, 그 중심에는 유대계 경제인들이 있다. 이들을 주축으로 자본주의는 새로운 경제논리를 갖게 되었고, 이것은 유동성 영역의 확장과 금융 산업의 기술적 발전을 유도하였다. 그래서 지금과 같이 증권, 펀드 등의 활성화와 파생금융 상품 개발이 촉진되어 자본주의의 새로운 길을 열게 되었다.

이러한 자본주의는 생산을 통한 자본의 역할을 무시하고 단지 유동성만으로 부를 축적할 수 있도록 경제체계를 개편한 것이다. 다시 말하면 돈만으로 돈을 벌 수 있다는 것을 경제논리로 세운 것이다. 그리고 이것을 통해 세계 각국의 금융시장을 개방하게 하여 달러화에 의한 세계경제를 장악한 것이다.

유류(석유)파동

미국과 유럽의 선진국과 중동 중심의 산유국의 이해가 충돌하면서 1973년 10월, 아랍 5개국이 서방 10개국에 석유 수출을 규제하면서, 우리는 1차 유류파동이라는 에너지 위기를 맞았다. 이 당시 신흥공업국인 우리나라와 대만 같은 개발도상국들은 자국의 공업생산력 향상과 중화학공업 육성을 통해 국가 수출산업을 확장하고 있었다. 이 때문에 우리는 자연스럽게 화석연료인 석유를 과소비할 수밖에 없었다. 중동 산유국의 공급량 감축과 우리의 과잉 소비로 인해 유류파동이 발생되었으며, 그로 인해 우리는 상당 기간 유류 수급에 어려움을 겪을 수밖에 없었다. 이때의 오일 쇼크로 인해 세계경제는 인플레이션이 가속화되고 경제 성장이 둔화되었다. 또한 그것은 미국과 일본, 영국 등 주요 국가가 두 자리 수 물가 상승률과 마이너스 경제 성장률을 기록할 정도로 세계 경기에 큰 영향을 주었다.

그 후 또다시 이란 혁명으로 인해 1978년~1979년에 2차 유류파동을 맞게 되었다. 이러한 에너지 위기는 전 세계가 공업화 정책으로 화석연료인 석유를 과잉 소비하여 일어난 일로, 소비와 생산의 불균형 속에서 일어난 위기였다. 중화학공업과 기타 산업의 전반적인 원료로서 혹은 자동차, 항공기, 선박의 동력연료로서 화석연료가 사용되고, 특히 자동차 산업의 발달로 석유의 소비가 대량화되면서 생산이 소비를 따라가지 못해 결국 에너지 위기로 전환된 것이다.

이 당시 사우디아라비아를 비롯한 중동 산유국이 자국의 발전을 위해 건설경기 활성화를 꾀하고자 석유 증산과 오일 달러를 풀면서 중동 건설 붐이 일어났다. 그로 인해 우리와 같이 석유 대량소비로 인해 유류파동을 맞은 국가는 중동 건설에 직접 참여함으로써 생산성이 향상되었고 고용이 촉진되었다. 다시 말하면 유류 과잉 소비로 인한 경제위기를 중동 건설 붐의 대량생산으로 생산과 소비의 균형을 이루어 또 다른 경제위기가 자연스럽게 해결된 것이다.

그러나 각국은 이에 대한 대처로 에너지 소비를 줄이고 대체 에너지를 개발한다고 호들갑을 떨었다. 하지만 이것은 필요조건을 충족할 뿐 충분조건은 만족시키지 못한 해결책이다.

외환위기와 IMF 체제

외환위기는 유동성 위기의 일종이지만, 유동성 분야에서도 극히 제한적이다. 특히 우리가 겪은 외환위기는 동남아와 우리나라만의 지역적 위기이다.

1997년 12월 우리는 외환보유고 부족으로 외환위기를 맞았다. 이에 대한 원인으로 여러 가지를 지적하지만, 그 중 하나가 대기업 부실과 태국을 위시한 동남아 외환위기가 우리에게 전염되어 외환으로 인한 유동성 위기가 온 것이다. 이 당시 우리 사회는 4고(고물가, 고실업, 고금리, 고환율) 1저(저성장)의 상황에서 단기외채 상환 불능으로 위기 속에 빠졌으나, IMF의 도움으로 비교적 어렵지 않게 위기를 해결하였다. 그러나 고환율, 고금리 등으로 긴축정책을 펴야 했기 때문에 실물경제의 위기는 계속되었다. 이 당시에는 외환 보유에 따른 유동성 위기의 범위가 아시아권 일부 국가에 그쳤기 때문에 미국, 일본, 유럽 등의 비교적 여유가 있는 선진국에서 쉽게 돈을 빌릴 수 있었다. 그리하여 수백 조원에 달하는 많은 돈을 빌려 외환보유고를 확보하였고, 부동산, 증권, 펀드 등의 활성화로 포퓰리즘을 유발하여 비정상적인 방법이 해결 방법으로 채용되었다.

그 당시 우리에게 다가왔던 외환위기는 국가 간 교환성만 갖는 환율 문제에서 발생된 것이므로 환율조정을 위한 외화차입이나 외환보유고만 충족되면 해결될 수 있는 것이었다. 따라서 우리는 다량의 외화차입으로 비교적 쉽게 외환보유고를 달성해 외환위기를 벗어났다. 하지만 우리는 이 때문에 외채국가로 전락하는 수모를 겪게 되었다.

3. 유동성 위기의 원인

부동산의 폐해

부동산은 움직일 수 없는 자산이다. 그러나 현대에 와서는 부동산이 마치 화폐와 같이 유동성을 갖고 있는 재화 역할을 한다. 이것은 부동산이 재산의 축적과 환금성을 갖고 있는 교환재로서의 역할을 수행하고 있기 때문이다.

부동산, 특히 아파트와 같은 경우는 마치 하나의 화폐단위나 주식의 주가처럼 기능할 수 있도록 규제가 풀려 결국 투기의 대상이 되었다. 주가가 오를 때 상대적으로 부동산에 투입되었던 자금이 이동하여 부동산 경기가 시들해지는데 반해서, 주식시장도 부양되고 부동산 가격도 상승하는 이중적 포퓰리즘으로 인해 위기가 다가왔다. 이번에는 부동산의 대출 부실로 주식과 부동산 가격이 동반 하락하는 유동성 위기로 전환되는 현상이 일어났다. 특히 금번의 유동성 위기는 금융 산업의 부실에 의해 시작되었으며, 그로 인해 주식과 부동산이 동시에 영향을 받아 전체 유동성 자체의 몰락으로 전개되어 실물경제에까지 심각한 피해를 주게 되었다.

부동산의 가치는 시장이 결정한다. 그러나 시장에 투기적 자금이 유입되거나 불로소득을 얻고자 하는 자금이 유입되는 경우는 전혀 다른 현상이 일어난다. 부동산 가격이 뛰어 오르고, 가수요가 늘고하는 것이 마치 부동산의 부가가치를 키우는 사회적 현상으로 여긴다. 그래서 우리는 부동산을 통해 돈을 벌었다고 좋아한다.

과연 우리가 부동산을 통해 번 돈은 무슨 돈인가. 하늘에서 떨어진 돈인가, 땅에서 솟아오른 돈인가, 은행에서 보태 쓰라고 기증한 돈인가, 그 무엇도 아닌 우리 이웃 또는 더 나아가서는 우리의 돈이다. 우리가 높인 부동산 가격은 우리들이 집을 늘리거나 사업을 위해 공장을 짓거나 할 때 우리에게 더 큰 부담을 주고 사업을 더 어렵게 만드는 요인으로 작용하여 결과적으로 모두에게 손해를 끼치게 된다.

증권의 폐해

유동성의 3요소인 축적, 교환, 가치 재창출 관점에서 본다면, 증권은 적절한 투자처가 될 수 있다. 그러나 증권 자체의 사회 경기에 대한 영향력이 크고 변동성이 심하여 결국 투기적 환경이 조성될 수밖에 없다. 이 변동성 때문에 증권은 투자보다 투기에 가까운 자금운용이 되고 불로소득을 취하려는 자금들이 모여 투기판을 형성하게 된 것이다. 건전한 주식이란 주식의 액면가에 해당 회사의 실적과 이윤배분, 물가상승 등에 의해 주가가 결정되어야 하나, 투기적 욕망에 의해 터무니없이 부풀려지고 상황에 따라서는 휴지조각으로 변하는, 종잡을 수 없는 장세를 이루어 마치 도박판의 한 장면 같은 상황을 연출한다.

증권 또한 유동성의 한축으로 주식을 통해 회사의 자금 수급의 통로가 된다. 그리고 시장경제의 흐름을 원활히 해주는 역할을 한다. 그러나 투기자금이 불로소득을 취하기 위해 주가조작 및 거짓 정보를 흘리고, 그로 인한 억지 부양에 의해 주가가 등락을 하기 때문에 결국에는 증권이 유동성 위기를 유발시키는 원인이 될 수 있다. 특히 증권에 관여하는 그룹이 기관투자자, 외국인, 개인투자자로 3분할 되면서 정보와 자금력을 갖춘 기관투자 및 외국인은 개인투자자를 상대로 마음껏 유린하고 있다. 이로 인해 개인투자자는 그에 휘말려 수익을 볼 때는 적게 보고, 손해를 볼 때는 크게 보고 있다.

주식시장의 특성상 누군가의 이익은 누군가의 손해임에도 불구하고 주가가 오르면 모두가 다 돈을 번다고 착각을 하는 것은 잘못된 생각이다. 왜냐하면 주식시장 총액은 반드시 누군가의 투자금에 의해 만들어진 것이기 때문이다.

다시 말하면 주가가 오르는 것은 누군가의 돈이 유입된다는 뜻이고, 주가가 떨어진다는 것은 주식시장에서 돈이 빠져나간다는 뜻이다. 하늘이 주식을 부양하기 위해 주식시장에 천금을 내려줄 것이며, 땅이 주식에 보태 쓰라고 금일봉을 베풀어 줄 것이라고 생각하는가. 결국은 누군가 주식을 통해 돈을 벌었다는 것은 어느 누군가가 손해를 보았다는 것을 의미하며 주가가 상승하여 다같이 돈을 벌었다는 것은 주가의 거품을 일으켰다는 뜻이다. 더욱이 기관투자나 외국인들은 거의 손해를 보지 않는다. 그렇다면 과연 누가 손해를 볼 것인가는 자명하다.

펀드의 폐해

펀드가 유동성 위기에 기여한 바는 부동산이나 증권보다는 못하지만, 이는 금융권의 은행 등이 주축이 되어 파생상품을 만들고, 개미투자자들로 하여금 투자하게 하여 '코도 안 풀고 남의 돈으로 장사하는' 금융 투기판을 조성했다. 펀드라는 것이 어떤 생산성을 가진 것이 아니고 여러 나라의 주식에 투기적으로 참여하여 그 이익을 취하기 때문에 결국 유동성 위기를 오게 하는 데 일조할 뿐이다. 이러한 펀드운용도 따지고 보면 노력 없이 돈만을 가지고 불로소득을 취하는 것이기 때문에 어차피 세계적 유동성 위기 상황에서는 도매금으로 피해를 받을 수밖에 없다. 그리고 이것은 일확천금이나 노력 없이 돈을 벌려고 하는 사람을 감언이설로 속여, 투기성이 짙은 분야에 투자를 하게 하여 일시적으로 돈을 벌 수 있도록 하였다. 그러나 결국 유동성 위기와 맞물려 투자자에게 큰 손실을 입혔다. 그 후에도 이것은 금융 분야를 통해 아직도 계속적으로 권고 또는 투자하게 하여 더 큰 유동성 피해를 키우고 있다.

펀드에 가입된 자금은 자신이 보유한 순수한 저축자금뿐 아니라 일확천금을 노리고 은행권에서 대출받아 투자하였기 때문에 그러한 사람들의 피해가 더욱 심각하다. 그리고 유동성 위기가 심화될수록 그러한 사람들의 피해는 더욱 커질 것이다.

펀드에서 본 이익은 자기 발등을 찍는 것과 같다. 예를 들어 우리의 펀드자금이 곡물에 투자되었다고 하자. 그때 우리가 펀드를 통해 돈을 벌려면 투자한 분야의 곡물 값이 올라야 그 차액만큼이 펀드의 수익이 되어 우리에게 배당되어 돌아온다. 다시 말하면 곡물 값이 올라야 우리가 이익이 된다는 것이다. 그러나 그 값 오른 곡물을 누가 비싼 값에 사 먹겠는가. 바로 우리이다. 이것은 우리가 투자라고 칭하는 펀드의 속성상 그 취한 이익만큼 부메랑이 되어 결국 우리에게 손해를 끼친다는 것이다. 겉으로는 이익처럼 보이지만 우리가 투자한 투자금에서 일시적으로 가불해서 쓰는 것에 불과하며, 우리에게 펀드 투자를 통해 돈을 벌어들이는 것처럼 착각하게 하여 투자 은행들만 이득을 취하는 것이 펀드의 속성이다.

외국에 투자하는 펀드 또한 마찬가지이다. 투자처가 우리보다 후진국이 주 대상이며, 투자방식도 외국기업에 직접 투자하는 것이 아니고 그 국가의 주식에 투자를 하기 때문에 투기적 성향이 클 수밖에 없다. 이 또한 우리가 외국인 투기꾼이나 헤지 펀드에 당하고 있는 것처럼 그 나라의 부를 간접적으로 착취하는 형식이 될 수밖에 없다.

유동성의 오류

유동성은 재화의 교환가치이다. 재화가 생산과 소비 사이의 중개자 역할을 원만하게 하는 경우 비로소 사회 속의 경제체계가 원만히 돌아가는 것이다. 이때에는 재화가 물 흐르듯 하여 생산품이 모두 소비가 되고 또 소비가 진작되어 생산을 촉발시키는 상호 보완적 기능에 의해 막힘 없이 원만히 순환된다. 그러나 현재에 와서는 유동성이 자기 역할을 무시하고 독립적 체계로 흘러 결국 오류에 의해 부정적인 거품을 일으키게 되었다.

이러한 오류는 사회의 각 분야에 퍼져 주객이 전도된 상황을 연출하고 있다. 프로스포츠 선수의 몸값은 그들이 경제체계에서 소비를 진작하는 역할을 하나, 이는 결국 불필요한 소비와 낭비적 요소도 키워지고 있다. 방송광고에 나오는 연예인의 몸값은 광고비를 키우고, 광고비 증대는 물건 값에 보태어져 물가를 상승시키고, 결국 서민이 자기도 모르게 연예인의 몸값까지 물어가며 비싼 소비를 하게 되는 것이다.

이들 방송연예 분야의 광고는 각각이 소비 증진에 기여하고 있으나, 광고자금에 대한 집중성이 강해 사회적 거품이 크게 일어 결국은 재화의 유동성을 막아버리는 역할을 한다. 이러한 유동성 오류가 사회 각 분야에서 다발적으로 발생하여 결국에는 유동성 위기로 키워지게 되었다.

유동성 위기의 범세계화

세계경제 위기의 사이클은 약 40년을 주기로 찾아온다. 1930년대 초기의 대공황은 2차 세계대전을 통해 과잉생산이 해소되었고 전쟁을 통해 모든 사람들이 절약과 절제로 자연스럽게 해결해 나갔다. 물론 루즈벨트의 뉴딜정책이 부분적인 효과가 있었음은 틀림없다. 또한 1970년대 석유파동으로 인한 에너지 위기 때는 에너지 소비절약 등과 대체에너지 개발 및 석유생산 증산과 유권개발, 중동 산유국의 건설 붐 등의 다양한 조치에 의해 상당기간 어려움을 경험한 후 자연스럽게 해결이 되었다.

　그러나 새로이 닥쳐올 유동성 위기는 이제껏 겪어 온 위기와는 또 다른 유형의 위기이기 때문에 어떠한 해결책이 최선인지는 누구도 모른다. 그러나 이제까지의 경험에 비추어 보면, 유동성 위기 또한 잘못된 정책이나 잘못된 경제운용에 대해 국가가 방임하는 과정에서 발생되었거나 생산적 노력보다는 자산운용과 재테크라는 명목의 불로소득을 취하려고 한 것에서 온 것이기 때문에 오히려 해결이 더 쉬울 수 있겠다. 하지만 그 분야의 기득권자와 투기 및 불로소득 계층이 자신들만이 그 피해를 면하려고 하는 저항 때문에 상당기간이 소요될 것이다. 또한 그로 인해 경제적으로 취약한 서민경제만 심각하게 타격을 받을 것이며, 서민들만이 충분한 고통을 받은 후에 국민적 저항에 의해 고쳐질 것으로 보여 결국에는 어떠한 방식으로라도 해결될 것이다.

　서민의 피해를 줄이고 보다 효율적이고 합리적인 방법으로 해결하려면 국가가 개입하여 금융 산업 등의 유동성 분야에 대하여 현저한 구조조정이 필요하다. 이제까지의 방임의 결과가 스스로의 덫이 되어 경기를 과열되게 만들었고 유동성 위기를 자초한 것이다. 그래서 서로의 고통을 나누려면 근본적으로 유동성 분야의 임금 또한 생산성 분야의 임금 수준에 맞추어 삭감, 조절해야 한다. 또한 불로소득에 의해 재테크하는 길을 막아야 하며, 금융 산업이 본연의 자세로 돌아가게 해야 한다. 또한 유동성을 효율적으로 이용하려면 돈의 흐름이 단순한 대기업보다는 여러 분야에 골고루 영향을 미칠 수 있는 중소기업에 집중 투자가 되어야 하며, 이것을 통해 고용을 확장해 나가야 한다. 다시 말해서 돈의 흐름이 생산성이 큰 대기업보다는 고용이 큰 중소기업에 더 많은 출자를 하여 생산성 동력을 키워야 유동성에서 생산성으로의 전환성이 크게 키워져 화폐 흐름의 안정을 꾀할 수 있다.

금산분리완화 정책은 생산성의 산업자금이 역으로 유동성의 금융자금으로 흘러들어가는 정책이므로, 이는 생산성을 더욱 위축시켜 유동성과 생산성의 불균형을 더욱 키우게 될 것으로 보여진다. 우리에게 처해진 경제적 위기는 유동성 위기에서 온 것이기 때문에 밑 빠진 독에 물 붓기 식으로 생산성 자금이 거꾸로 유동성으로 흘러들어 가는 것은 더욱 큰 위기를 조장하게 될지도 모른다. 생산성을 활성화시키려면 금산분리완화보다는 더욱 강화해야 하고, 오히려 금융 산업자금이 실물 산업자금으로 원만하게 흐를 수 있는 전환체계를 강화해야 한다.

둘,

위기가
어떻게 진행될 것인가

1. 유동성 위기의 단계

제1단계 – 유동성 위기

경제체계에서 유동성의 역할은 생산과 소비를 연결해주는 중개 및 교환이다. 그러나 유동성 위기는 유동성이 자신의 역할을 벗어나 경제 전체의 주도자로서 독자적 경제체제를 만든 것에서부터 이미 예고된 것이다. **독자적 경제체제란 생산과 소비의 실물경제와는 별개로 자체만으로 부가가치를 창출하고, 그것을 통해 또 다른 파생금융상품이라는 변질된 재테크 방법이다.**

이를 통해 오늘날 선량한 투자자들은 부동산과 증권에 투기적으로 접근하며, 펀드라는 위험한 돈놀이에 편승하게 되었다. 결국에는 우리 사회에 불로소득적 재테크가 마치 정당한 투자처럼 왜곡된 것이다. 또한 우리 사회는 선량한 사람들을 현혹하여 무리한 투자를 하게 하고, 후손들 몫을 거품을 통해 미리 가불해 쓰고, 그들에게 그 빚을 넘겨주는 게 되었다.

　유동성의 독자적 발전이라는 것은 생산과 소비가 연결되지 않을 때에는 '자기 살 잘라먹기' 밖에는 아무 의미가 없는데도 불구하고, 그것을 통해 이득을 취하고 그것으로 흥청거렸기 때문에 유동성 위기는 피할 수 없는 것이다. 이러한 유동성은 부동산이 하나의 매체가 되어 활성화되고 발전되었다. 그로 인해 부동산 때문에 생긴 거품이 한계상태에 도달했음에도 불구하고 계속적으로 신선노름에 도끼자루 썩는지 모르고 있다. 그리고 그 거품을 계속 향유하여 웰빙을 추구하며 살았기 때문에, 그 반대급부의 고통이 앞으로 예정되어 있다. 더 큰 문제는 이렇게 생긴 유동성 위기는 자신의 잘못을 스스로 책임지는 것이 아니고 물귀신 같이 생산과 고용 및 소비의 모든 영역으로 확장되어 연쇄적 반응을 일으킬 것이라는 점이다. 그리고 그 후폭풍은 이제까지의 어떤 위기보다도 종합적이고 파괴적인 것이 될 것이다.

제2단계 – 생산성 위기

　　　과거 대공황 때의 생산성 위기는 과잉생산에 의한 재고 누적으로 시작되었으나, 유동성 위기로 이어지는 생산성 위기는 신용경색으로 인한 불투명한 투자 여건과 소비 위축 가능성 때문에 발생되고, 생산 분야 전반적으로 확산될 것이다.

　생산성 위기는 생산 위축으로 규모가 크고 고가인 부분에서 시작하여 규모가 작고 저가인 생산품 분야로 이양된다. 초기에는 고가의 선박, 항공기 부분에서 시작하여 그와 연관된 철강 분야로 확산되며, 그 다음엔

주택건설 및 자동차 분야, 그 다음은 대형가전 및 전자제품 그리고 중소형가전 및 컴퓨터, 초소형 전자제품과 핸드폰 등의 순으로 연쇄 파급되고, 이것이 고용 및 소비와 연결되어 의류 및 식료품 분야까지 확산될 것이다.

또한 위기의 여파는 수출·입 분야에서 더욱 심각하게 나타날 것이다. 우리와 같이 수출 주도형 국가는 미국 등 세계 여러 국가를 대상으로 수출을 통해 이익을 얻는다. 그리고 그것으로 외화를 벌어들여 필요한 것을 수입하는 경제체계를 갖고 있는데, 수출길이 막히면 국내적으로는 생산 위축을 가져오고 외화의 유입이 줄어들어 우리에게 필요한 물자의 수입이 불가능해진다.

또한 국가 간 수출 교역이 줄어들면 상대적으로 무역적자가 심화되기 때문에 각국은 보호무역주의로 변화하여 무역 마찰이 커지게 될 것이다. 이러한 일련의 악순환은 생산성을 더욱 약화시키고, 생산성 약화는 고용과 소비 위축에 연계하여 국내·외를 막론하고 전방위적으로 확산되어 위기적 현상으로 나타날 것이다.

제3단계 – 고용 위기

생산성 위기와 연계되어 생산성이 위축되면 그 분야의 고용 조정이 일어날 수밖에 없고, 이러한 고용은 새로운 사회문제를 유발시켜 국가의 부담이 커지게 된다.

고용 위기는 계층별로 보면 서민과 같은 중하위 계층에서 시작하여 중산층 그리고 최상위 계층까지 단계적으로 영향을 미치게 된다. 어려움을 겪을 서민 계층은 이제까지 많은 어려움을 경험해왔기 때문에 위기를 견뎌내고 대처하려는 인내력은 크다. 오히려 안일하게 접근하는 중산층의 고용불안에 대한 대처가 어려울 것이다.

연령별로 보면 고용 위기는 중년층과 같이 급료가 많은 계층에서 시작하여 장년층 그리고 노년층에서 청년층으로 진행될 것이며, 이 중 중년층과 장년층은 자식과 노부모 부양과 엮여 있어 그들 계층의 고용불안은 심각한 사회문제를 야기하고, 다른 계층의 고용불안보다 몇 배나 타격이 클 것이다.

직업별로는 생산성 위기의 진행과 유사하게 초기에는 대기업의 하청기업이 필두로 개인사업자 및 중소기업이 되고, 그 다음에는 대기업이 그리고 공기업이 뒤따르며, 최후에는 공무원으로 될 것이다. 이렇듯 고용 위기는 우리 사회에 직접적인 영향을 미치고 위기를 증폭시켜서 장기적으로 어려움이 계속되게 하는 직접적인 요인이 된다.

또한 우리와 같이 외국인 근로자가 많이 들어와 취업하고 있는 국가들은 이들의 처리문제가 내국인 고용과 맞물려 사회적인 갈등 요인이 될 것이다. 그러나 상당수의 외국인 근로자들은 내국인이 힘들어하고 하기 싫어하는 분야를 맡고 있기 때문에 그들의 고용을 무조건 배척할 수 없는 것이 현실이다.

우리에게 닥쳐올 위기 현상 중에서 고용 위기는 인간의 삶과 직결되어 있기 때문에 가장 신중하게 다루어야 할 대상이며, 우리에게 닥쳐온 위기를 해결할 시작도 우선 고용에서부터 찾아야 한다.

제4단계 - 소비성 위기

소비성 위기는 인간의 삶에 직접적인 영향을 미치는 부분으로 공용 위기와 맥락을 같이하는 위기이다. 위기의 최종단계에서 소비성 자체가 삶의 가치를 평가해 주는 척도이기 때문에, 우리가 위기를 직접 평가할 때는 앞의 3단계 위기보다 소비성 위기를 더 심각하게 생각한다. 이는 소비성 자체가 우리의 피부에 직접 와 닿기 때문이다.

결국 경제체계라는 것은 생산된 모든 자원이 소비라는 대전제 하에 있기 때문에 소비가 불가능해지거나 어려워진다는 것은 경제체계가 손상을 입었다는 징표로, 우리의 위기 해결법은 소비성에 맞추어서 소비를 활성화시킬 수 있는 모든 방법이 동원되어야 한다.

소비성 위기는 유통 분야에서는 서민과 직접 맞닿는 소형 마켓에서 시작하여 대형 마트 및 백화점으로 확산될 것이고, 스포츠 분야는 관람형 스포츠에서 참여하는 스포츠로, 광고 분야에서는 방송연예 분야로 사회 전방위적으로 진행될 것이다.

또한 소비성 위기는 고용에 대한 구조조정과 맞물려 실업 상태에 있는 사람들의 구매력이 떨어져서 고가의 사치품에서 저가의 생필품에 이르기까지 점진적으로 소비 위축이 일어날 것이다. 이것은 다시 생산성 위기와 더불어 고용을 축소하여 위기를 증폭시키고 또 다른 악순환의 고리를 형성할 것이다.

2. 유동성 위기의 전개

유동성 위기는 무엇인가

우리가 겪는 유동성 위기는 생산성, 소비성에서 오는 위기와는 달리 교환성에서 오는 위기이다. 그레셤의 법칙에서 '악화가 양화를 구축한다' 라는 것과 마찬가지로 그동안 금융 산업은 마치 정상금화(양화)를 불량금화(악화)로 만드는 것과 같은 작업을 진행해왔다. 즉, 금화의 둘레를 깎아서 아무 노력 없이 부가가치를 창출한다는 명분 아래 또 다른 금화를 만들어 내는 과정에서 금화의 실물적 가치는 없어지고 결과적으로 악화만을 양산하게 되었다.

다시 말하면 전 세계의 금융 산업은 자신의 주된 역할인 교환성을 떠나서 독자적 산업으로 자리매김을 하였고, 그 과정에서 화폐의 부가적 가치인 중개역할에서 생기는 이득 외에 금화의 둘레를 깎아 또 다른 부가가치를 만드는 행위를 해왔다. 또한 그것이 마치 재테크라고 자가당착적 표현으로 합리화시켜왔다. 그러나 이러한 행위는 엄연히 불로소득을 위한 투기 행위일 뿐이다. 그래서 악화가 한계에 도달하면 결국 못 쓰는 금화가 되듯이 유동성 위기가 찾아온 것이다. 이러한 유동성 위기는 악화를 방지하기 위해 금화 주변에 톱니를 두어 금화를 깎아내면 톱니가 없어지도록 방지장치를 한 것과 같이, **우리는 유동성 위기를 해결하기 위해 금융 산업의 역할 이상의 파생산업으로서의 역할을 규제하여야 하며, 유동성 위기의 본질이 불로소득을 취하려는 마음과 행위에서 나왔음을 인식하고 이에 대한 규제를 강화해야 한다.** 유동성 위기의 해결은 문제의 본질과 핵심을 찾아 모든 사람이 공감할 수 있도록 합의를 통해 해결을 해야만 비로소 해결이 가능하다. 유동성을 시장에 맡겨놓는 것이 자연스러운 해결법이나, 시장이 난장이 되어 있는 현재의 경우는 국가의 원칙 있는 개입이 절대적으로 필요하다.

유동성 위기의 이율배반

유동성은 생산성과 소비성을 포괄하여 상호간을 연결해주는 연결고리이다. 그래서 유동성은 생산, 소비의 경제활동보다 우리에게 더 밀접하게 다가와 있어 직·간접적으로 그 영향을 받고 있다. 이러한 유동성은 그 자체가 독립성을 갖고 있는 것이 아니고, 우리 삶에 필요한 생산, 소비의 원활화를 위한 보조재임에도 불구하고, 그 역할의 우월성이 생산성과 소비성보다 우선되어져 있다. 그렇기 때문에 원칙적으로는 유동성이 독자적 경제활동이 아니라 피동적 경제활동임에도 불구하고, 오히려 경제 주체로서 경제체계를 전횡하고 그 자체만의 새로운 경제체계를 만들어 자기 본위의 행위를 하여 거품을 일으켜왔다. 고름이 살이 될 수 없듯이, 이 거품은 비누 덩어리가 될 수 없다. 거품이 걷어 내어지면 앙상한 본질만 남는 것이다. 이 때문에 **유동성은 실체가 아니면서 실체를 가지고 있는 실물경제를 깎아먹고 커져 와서, 결국 자신이 만들어 놓은 거품 속에 묻혀 위기를 자초하고 말았다. 바로 이것이 유동성이 가지고 있는 이율배반이다.**

이러한 이율배반은 너무 오랫동안 우리의 생활 속에 녹아 있어 우리 스스로가 정확하게 인식을 하지 못한다는 데 문제가 있다. 더욱이 거품은 반복되는 관성을 가지고 있어 여러 가지 노력에 의해 이것이 일시적으로 제거되었다 하더라도, 과거에 거품 맛을 본 사람들은 또다시 어떠한 방법으로라도 거품을 일으키려 할 것이다. 그래서 어느 정도의 시간이 지나면 우리는 또 다시 거품 속에서 위기를 맞게 될 것이다.

다시 말하면 유동성 위기는 그 근원적인 원인을 정확하게 파악하고 적절한 조치를 취해서 치료하지 않으면 언제고 다시 재발할 병과 같은 것이다.

위기의 변증법

우리는 과거 약 100년간, 경제를 이루는 3대 축인 생산성, 소비성, 유동성의 위기를 각각 경험해 왔고 현재 경험하고 있다.

1930년대 대공황은 생산과잉에 의한 생산성 위기이고, 1970년대 석유파동은 에너지 과소비에 의한 소비성 위기이며, 2008년의 금융 위기는 유동성으로 인한 위기이다. 이것은 약 40년 단위로 일어났으며, 각각을 분류하여 경제사적인 면에서 살펴보면 생산성 위기는 정(Thesis)에 해당되고, 소비성 위기는 반(Antithesis)에 해당되며, 유동성 위기는 앞서의 생산성과 소비성 모두를 포괄하는 합(Synthesis)의 개념에서의 위기이다.

다시 말하면 유동성 위기는 앞의 대공황이나 석유파동보다 훨씬 강도가 높은 위기로 우리에게 다가와 혹독한 시련을 줄 가능성이 큰 것이다.

역사의 패러다임은 하나의 체계이다. 그 역할을 다 하면 다음 체계로 넘어갈 때 돌연변이적 현상이 일어난다고 한다. 그것이 사회적 개혁이 될 수도 있고, 체제의 변화일 수도 있으며, 혁명이 될 수도 있다. 이러한 상황은 결국 기존 체계를 뒤흔드는 사태가 일어날 수 있음을 예시하는 것으로 누구도 이러한 급격한 변화를 바라지 않는다. 다만 이 모든 것이 원만하게 해결되고 서로가 상생될 수 있는 어떠한 방법이 제시되어 큰 변혁을 사전에 막을 수 있도록 하는 것이 급선무일 것이다. 모두가 고통받고 모두가 어려운데 자신만의 기득권과 권리혜택을 유지하려고 한다면, 그것은 사회를 혼란과 붕괴로 이끌 수 있음을 알 수 있도록 사회적 가치를 세워야 한다.

위기의 본질

1930년대 미국의 대공황은 생산과잉으로 인해 발생되었으며 10년간의 고통 끝에 결국 대량소비가 이루어진 2차 세계대전으로 과잉생산성이 해결되었다. 또한 1970년대의 에너지 위기(석유파동) 때는 중동이 축적하고 있던 자체의 오일 달러를 자체 산업개발 및 건설을 통해 원만하게 해결할 수 있었다. 그러나 이번의 유동성 위기는 명백히 사람이 만든 인재로 하늘이 놀고먹는 자를 징계하고 교훈을 주기 위해서 일어난 일로, 그동안 배금주의에 쌓여 지내왔던 우리 사회에 경종을 주기 위해 발생한 것이다. 이전에 우리에게 일어났던 위기의 시절은 사회 외적으로 실물 경제에서 생겼던 것이지만, 지금의 유동성 위기는 심리적, 사회 철학적 관념 속에서 기인한 바가 크기 때문에 해결이 더욱 어렵다. 특히 불로소득에 정신적 지배를 받고 있는 기득권층이 자신에게 이제까지 주어졌던 혜택을 사회와 위기 해결을 위해 포기할 수 있을 것인지, 타성에 박힌 돈놀이에 의해 쉽게 돈을 벌 수 있다는 것을 자제할 수 있을 것인지, 부동산 투기, 증권 투기, 펀드 등의 술수에 의한 치부 방법이 잘못된 것임을 인식하고 고쳐 나갈 수 있을 것인지가 심히 의심스럽다. 따라서 이번의 유동성 위기는 더욱 해결이 어렵고 오랜 기간 지지부진하게 끌고 가서 사회적인 약자와 빈자에게 더욱 큰 고통을 줄 것이다.

이렇듯 이번 위기는 사회 관념적 성향에 의한 영향이 크기 때문에 우리 사회에는 새로운 패러다임으로 사회 철학이 재정립되어야 하며, 그것에 의해 사회체계가 재편되어야 유동성 위기를 해결할 수 있을 것이다.

유동성으로 인한 전쟁

과거의 1, 2차 세계대전은 생산성의 전쟁이었다. 과학기술의 발달로 생산된 물품을 후진국으로 강매하고,

그러기 위해 식민화시키는데 선진국이 국력을 쓰고 서로간의 이익 추구를 위하여 전쟁을 일으키는 상황이었다. 그러나 지금 우리에게 닥친 유동성 위기는 경제 강국간의 경제전쟁의 시작이다. 우리나라는 경제 강국이 아니다. 유동성도 미국에 의존하고 일본에 종속되어, 2차 대전 때 일본의 하수인으로 전쟁에 징용과 징병을 당한 전철을 다시 밟고 있다. 유동성 전쟁은 소리 없는 전쟁이다. 전쟁에는 그 전쟁에 참여하게 되는 전국민의 고통이 요구되며, 전면전에 대응하여 극도의 극기가 필요하다. 우리나라 입장에서는 코스피 지수 800 이하, 환률 1,600원 이상을 전쟁 발발로 보아야 한다. 유동성 전쟁에 대응하여 우리는 전열을 가다듬어야 한다. 전쟁에서 지는 국가는 국가의 존망도 잃고, 국가의 국체도 손상시키며, 그 후 세계 속에서 비참한 처지에 놓이게 된다.

유동성 전쟁을 직시하자. 그리고 국민의 총화를 통해 해결되도록 국민의 공감을 얻어내자. 국민의 공감은 설득과 상호 의사소통에 의해서만 이루어진다. 더 이상의 내부 갈등은 전시에 외부의 적에게 우리의 약점을 노출시키는 것이다. 유동성 전쟁은 피아간의 적이 명확치 않다. 다만 우리가 대비하지 못하면 우리의 가장 가까운 우방에게 치명적인 피해를 받을 수 있기 때문에 전방위적 대비가 필요하며, 내적 충실도를 키워야 한다.

우리는 유동성 전쟁에서 어떠한 방법으로든 살아남아야 한다. 따라서, 첫째는 상위 계층의 세금을 늘려야 한다. 특히 재산 비율에 따라 상후하박의 원칙이 세워져야 한다.

둘째는 단순히 소비만을 위한 소비 분야의 축소가 필요하다.

셋째는 확고한 경제 전략이 필요하다.

넷째는 국민 총화가 필요하며, 유동성 전시체제가 필요하다.

다섯째는 유동성 전쟁의 양상 및 전개에 대한 예측이 필요하다.

여섯째는 생산성을 망치는 노동쟁의를 줄여야 한다.

"역사에는 '만일'이 없고, 미래에는 '반드시'라는 말이 없다"는 말을 명심해야 하며, 앞으로 유동성 전쟁이 어떤 양상을 띨 것인가, 어떤 식으로 전개될 것인가를 예측하고 대비하는 것이 위기로부터 헤어나고, 위기로부터 일어나는 고통을 줄일 수 있는 방법이 될 것이다.

앞으로 우리 모두는 유동성 위기를 해결하기 위해 전쟁을 치를 것이다. 살아남기 위해서 국가 간의 유동성 전쟁은 필연적이고, 유동성 전쟁의 탄환은 자원이다. 자원은 인적자원과 과학기술자원 및 지하자원이 있으며, 외화가 얼마나 축적되어 있는가가 중요하다. 그러나 우리나라는 핵심기술 의존도가 너무 높아 취약점이 될 수 있다. 지하자원 또한 우리에게는 절대 취약한 전쟁 자원이 된다.

이러한 자원을 근간으로 하여 국민 총화의 정신적 자세가 필요하다. 국민 총화를 이루려면 국민과 정부 간의 상호 신뢰가 필요하다. 국민이 정부를 믿고 따르면 반드시 유동성 전쟁에서 이길 수 있다는 확신을 심어 줘야 하며, 그것을 바탕으로 모두가 함께 고통을 분담해야 한다는 것을 명확히 해야 한다. 일부 기득권층에서 국민을 기만적으로 속이거나 자신들만이 편하고 쉽게 지내려고 노력한다면 국민 총화는 어려울 것이다.

국가 간의 유동성 전쟁에서는 전략적 대응이 필요하다. 우선 남을 알고 자신을 알면 전쟁에서 지지 않는다는 것을 생각하여 상대국의 정보에 노력을 기울여야 한다. 외국과의 교역이나 외교에도 전쟁에 임한 장수와 같은 정신 무장이 된 사람들이 전진 배치되어야 한다.

우리가 살아남으려면 유동성 전쟁에서 반드시 이겨야 한다. 전쟁에서는 2등이란 없다. 우리 후손에게 보다 윤택하고 잘사는 국가를 물려주려면 우리가 현재의 고통을 인내하고 온 힘을 다하여 이 위기를 헤쳐나가야 한다.

유동성과 경제의 흐름

경제의 흐름에서 변증법을 이야기하는 것은 정·반·합의 역사적 연쇄성을 알아보기 위함이다. 특히 20세기에는 우리가 경제위기를 단계적으로 겪었고, 역사를 잘 유추해 보면 이번 유동성 위기도 예측이 가능하며, 앞으로 올 위기의 종류와 시기도 추론이 가능하다. 20세기 초부터 약 40년 간격으로 경험한 1930년 대공황(생산성 위기)이 '정' 이라면 1970년 석유파동(소비성 위기)이 '반' 이고, 2010년 금융 위기(유동성)가 '합' 에 해당된다.

대공황이나 석유파동은 각각이 실물경제의 한 축에서 발생된 것이나, 금번의 유동성 위기는 종합적이고 다변적이기 때문에 그 해결도 앞의 생산성, 소비성 위기의 해결보다 더욱 어렵고 힘들 것이다. 실물경제에서 일어난 단편적 위기는 그 반대급부적인 것을 키워서 상호 균형을 이루게 되면 큰 어려움 없이 해결될 수 있으나, 유동성과 같은 복합적인 위기는 그 반대편의 실체를 파악하고 보완할 수 있는 해결법이 단순치 않아 더욱 어렵다.

유동성 위기의 실체는 불로소득을 지향하는 경제철학에서 나왔으며, 그것이 배금주의 사고와 결합하여 건실한 근로의식을 망가트리고 쉽게, 노력 없이 살려는 의식이 팽배하게 되어 만들어진 결과적 현상이다. 이것에 대한 해결은 그 반대급부적인 근로소득의 일반화와 배금주의를 추출할 수 있는 사회철학의 재정립에 있다. 이렇게 해서 유동성 위기의 균형을 잡지 못한다면 위기의 해결은 어려울 것이며, 이러한 처방을 피해 임기응변적으로 해결해 나가려고 하면 결국에는 위기의 만성화가 될 것이다.

아담 스미스(Adam smith)의 국부론에 따르면, 부(재산)는 정당한 노동과 노동 생산력의 개선을 통해 축적된다고 하였다. 다시 말하면 정당한 부의 확보는 성실한 근로를 통해서만 성립된다는 것으로, 현재의 경제논리와 같이 불로소득에 의한 부의 축적은 근원적으로 잘못된 것이다. 또한 이것은 노동 생산성의 개선조차 기대할 수 없는 상황인 것으로 그것을 통해 부를 축적하고 풍족한 삶을 영위하려고 하는 것은 기만적 사기 행위일 뿐이다. 이와 같이 20세기에 들어와서 성립된 경제논리는 그 이전의 정당한 경제논리를 뒤엎고 샤일록(Shylock)적 돈놀이에 빠져 위기를 자초한 것이다.

잘못된 경제논리인 '재테크'의 허구

우리는 유동성의 대표적인 분야인 주식, 펀드, 부동산 등에서 돈을 이용하여 돈을 벌어들이는 것을 '재테크'라고 한다. 다시 말하면 기술적으로 돈을 버는 방법이라는 의미이다. 그러나 돈을 이용해서 돈을 버는 것은 과거의 역사 속에서 살펴보면, 고리대금업자나 유대인 샤일록이라는 악명으로 악인의 대명사와 같이 쓰여졌던 행위이다. 돈을 이용하여 다른 선량한 사람의 돈을 갈취해 먹는 그러한 부류라는 것이다.

이것이 어떻게 지금에 와서는 훌륭한 경제 행위로 인식되어, 이러한 재테크를 할 줄 모르는 사람이 바보이거나 팔불출로 분류되고, 그런 행위를 통해서 잘 먹고 잘 사는 것이 최선인 것처럼 변하게 되었는지 심히 의심스럽다.

어떻게 돈놀이가 '재테크' 인가. 부동산을 사서 가격이 오르면 돈을 번다고 생각하는 그러한 의식은 결국 가만히 앉아서 별 노력 없이 남의 돈을 먹겠다고 하는 사기꾼과 별반 무엇이 다를 것인가. 재테크라고 고상하게 이야기하지만 주식, 펀드, 부동산을 이용해서 돈을 벌려고 하는 행위는 결국 투기적 행위이다. 이것은 그 누군가의 피해를 전제로 투기적 행위를 통해 노력 없이 벌어먹고 세상을 편하게 살려고 하는 행위밖에는 되지 않는다.

일례를 들어 부동산 가격이 오르면 일시적으로 돈을 번 것처럼 보이나, 누군가가 오른 가격에 대한 대가를 치러야 한다. 하지만 그것이 우리가 사용할 물건이나 용역 또는 다른 어떤 것에 영향을 주게 되고, 그것이 또 다시 생산 원가에 반영되어 우리에게 부메랑처럼 돌아오게 되어 있다. 더욱이 우리가 더 큰 평수의 아파트로 늘려 이사하고자 할 때에 더 오른 가격을 지불해야 하기 때문에 부동산 가격이 오르는 것은 결국 우리 자신에게 피해로 되돌아올 수밖에 없다.

다시 말하면 우리가 재테크라고 말하는 부동산, 증권, 펀드의 투자는 자신이나 남에게 피해를 주는 정당치 못한 경제행위이다.

3. 유동성 위기의 결과

유동성 위기의 출발

유동성의 주체는 돈이다. 그러나 돈만이 통화 역할을 하는 것이 아니다. 유동성이 원활하게 운용될 때에는 유가증권, 주식, 채권, 부동산 및 골동품 등이 여러 가지 돈으로 가치 매김되어, 현물이 통화의 역할을 일부 대신할 수 있다. 그러나 유동성 위기를 통해 이러한 통화의 대체재가 자기 역할을 수행하지 못하게 되는 상황이 벌어졌다. 정상적인 유동성이 유지되는 사회에서는 통화 대체재의 가치가 돈으로 명확하게 판가름되고 가치를 인정받을 수 있기 때문에 안정적인 통화 구실을 하겠지만, 사회적 변화나 기타 실물 가치의 변동성이 커질 때에는 통화대체재로서의 역할을 쉽게 잃어버릴 수 있다. 그래서 이 상황에서는 대체재가 무용지물이 된다. 이 때문에 순수한 돈만이 통화의 역할을 하게 되어 일종의 통화 수축 현상을 일으켜 유동성 위기가 생긴다.

이때의 유동성 위기는 통화대체재의 환금성을 낮추기 때문에 대체재인 부동산, 주식, 골동품의 가치가 자동적으로 하락하게 된다. 통화대체재의 가치 하락은 돈의 상대적 가치를 키우고 유동성을 약화시키며, 돈의 품귀를 유발한다. 돈의 품귀는 또 다시 부동산의 가격 하락을 유도하고 주식의 가치를 떨어뜨리며, 기타 현물가치를 하락시켜 사회 전반적으로 경기 침체가 되게 한다.

유동성 위기의 전염

과거에 우리가 겪었던 외환위기는 한국과 동남아로 국지적이었지만, 아시아 지역에 위기의 전염이 있었다. 일례로 태국의 바트화 위기가 주변국으로 전이되고, 그 결과 한국도 외환위기에 빠지게 된 것이다. 그 당시에는 이러한 국지적 위기가 미국 등의 선진국의 안정화로 버팀목이 되어 더 이상 크게 진행되지 않았다. 그러나 지금의 위기는 선진국인 미국에서 시작되어 전 세계적으로 확대되어 더 이상 선진국이 방패막이가 되지 못하고 있으며, 오히려 유동성 위기의 진원지가 되어 점차 세계 약소국에까지 그 피해가 전이되고 있다.

유동성 위기의 진행은 생산의 수요 위축에서 금융경색 그리고 기업부도와 부실채권 증가에 이어 국가 신인도 하락의 악순환을 거쳐 심화된다. 이렇듯 위기는 잔잔한 물에 던져진 돌이 물 표면에 파문을 일으키며 퍼지듯, 어떤 한 점에서 시작하여 전방위적으로 넓게 퍼져 나간다. 이러한 위기의 진행을 임시방편으로 땜질식 처방하여 일시적으로 위기만 면하려 해서는 안 된다. 그러면 그것은 손 사이로 스쳐 지나가는 파문처럼 결국 미봉책이 되어 후에 더 큰 고통을 가져올 것이다.

이러한 유동성 위기의 전염은 자신만의 병이 고쳐졌다고 나아지는 것이 아니다. 내가 다 나아도 인접국이 위기 상태에 있다면 다시 전염이 되어 재차 위기 상태로 전환될 수밖에 없다. 이것은 유동성 위기가 어느 국지적인 경제위기가 아니고 범세계적인 현상이기 때문이며, 더욱이 현대는 세계 각국이 동일 생활권에서 서로 직접적인 영향을 주고 있기 때문에 더욱 쉽게 위기가 전염된다.

위기의 시작은 미국이지만 그 상황이 유럽의 선진국에 전염이 되어 퍼져 나가고, 그것이 중 · 후진국으로 전이되어 이제는 범세계화되었다. 범세계화한 이후에는 서로간의 교역로를 따라 전염되고 확산되어 우리 사회에 악영향을 주고 있다.

생산성 위기로 전환

과거의 대공황은 통화 운영의 잘못을 비롯하여 여러 가지의 정책적 과오가 있지만, 결국 과잉생산으로 인한 생산성 위기에서 온 공황이다. 이는 생산품이 적절하게 소비되지 못하고 재고가 쌓이는 과정에서 더 이상의 생산이 원활하게 돌아가지 못한 상태에서 나타난 현상이다. 이로 인해 고용이 위축되고, 고용 축소로 임금이 저하되고, 소비가 감소된다. 또한 고용을 통한 원활한 돈의 소통이 이루어지지 않아 내수가 줄어들어 결국 악순환이 되어 공황을 일으킨 것이다.

그러나 지금에 와서는 생산에 대한 통제 및 과학적 소비량 예측 등으로 인해 생산품의 재고가 사회적 문제를 일으킬 확률은 적어졌으며, 과잉생산으로 인해 발생되는 생산성 위기는 크게 염려하지 않아도 되는 상태이다.

우리나라의 수출은 미국에 달려 있다. 이제까지는 미국이 자신의 유동성을 키우고 생산성을 낮추는 덕분에, 우리는 그들의 낭비벽에 힘입어 생산품의 수출 호황을 누렸다.

그러나 이제는 미국이 자신들의 낭비벽과 소비벽에 대해 자성을 하면서 소비를 축소해, 우리는 자체의 생산 과잉으로 인한 큰 생산성 위기에 몰릴 수밖에 없다. 우리는 이것에 대비하여 또 다른 소비 대상을 확보해야 한다. 그러므로 생산품의 기준을 미국 등의 선진국 국민을 대상으로만 할 것이 아니라, 오히려 중저가로 저개발국가에 팔 수 있는 생산품을 연구해야 할 때가 온 것이다. 미국이 처한 유동성 위기는 우리도 유사한 정책을 쓰고 있기 때문에 비슷한 영향을 받아 우리에게도 찾아올 것이다.

그러나 우리는 유동성 위기뿐만 아니라 선진국의 구매력 부족으로 인해 생산성 위기까지 동시에 올 가능성이 크기 때문에 더 큰 피해를 받을 수밖에 없을 것이다. 더욱이 나쁜 것은 외채로 인한 국민 부담률이 크기 때문에 결국 서민들만 더 큰 고통을 겪게 되며, 한번 잃은 생산 능력은 쉽게 회복시키기 어려워 위기가 해결이 되어도 고통의 기간은 상당히 오래 지속될 것이다.

소비성 위기로 귀결

소비성은 내수의 진작과 생산 과잉을 막는 또 하나의 경제 분야이다. 인간의 삶을 유지하기 위해 필요한 의·식·주 모든 분야는 진행상 시간적 차이가 있으나, 모두 소비재이며, 이러한 소비재를 통해 인간의 생명이 유지되고 있는 것이다.

현재에 와서는 단순히 삶에서 그치지 않고 '웰빙'이라는 잘 먹고, 잘 입고, 잘 살겠다는 인간의 욕망이 추가되어 소비 극대화로 변질을 가져왔다. 이것이 생산성과 유동성의 조화를 이루는 가운데 균형을 이룰 수 있다면 오히려 소비성이 진작될 필요가 있다. 그러나 유동성 거품과 생산성 저하 속에서 웰빙을 통한 소비성 부각은 상호간의 균형을 깨트리는 또 하나의 요인이 된다. 그래서 이러한 점 때문에 유동성 위기 다음에 소비성의 위기가 올 가능성이 크다. 특히 소비성 확대는 사회의 빈부격차가 심화될 때 더욱 악영향을 미칠 수가 있으며, 이러한 것들이 사회적 박탈감이나 계층 간 적개의식으로 전환될 수 있어, 소비성은 무엇보다도 규제나 조절이 필요한 부분이다.

소비성은 그 특성상 유동성과의 밀접성이 적어야 하며, 생산성과 연결되어 상호 보완적 성격을 가져야 한다. 소비성은 건전한 소비와 낭비로 구별되고, 건전한 소비란 삶을 유지하기 위한 적절한 기본적 소비이다. 그 이상은 낭비에 해당된다고 볼 수 있다. 그러나 우리는 우리의 품위를 유지하기 위한 겉치레 소비까지도 건전한 소비로 보고 있기 때문에 실제보다는 소비성의 범위가 넓어질 수밖에 없다. 소비성의 특징은 지방보다 대도시가 낭비의 정도가 심하며, 소비성 경향도 크다. 그래서 유동성 위기 때는 소비 위축의 정도가 농촌보다 도시에서 더욱 심화된다.

불로소득으로 인한 경제체계 손상

유동성 위기의 근본적인 원인은 돈을 이용한 불로소득을 얻으려는 데 있다. 다시 말하면 힘들여 일하는 노력 없이 돈이라는 매개체를 통해 소득을 얻으려는 행위가 유동성을 망쳐 버린 것이다.

물론 돈을 취급하여 소득을 얻고자 하는 사람들의 나름대로의 항변이 있을 수 있다. 피 말리는 노력 끝에 주식투자로 돈을 벌었다는 등, 남이 잠을 잘 때 외환딜러를 하여 소득을 높였다는 등 하는 이야기들이다.

그러나 이것은 악화가 양화를 구축하는 것과 마찬가지이다. 다시 말해서 여러 개의 금화의 둘레를 열심히 깎아 새로운 금화 하나를 만들어 소득을 창출했다는 것과 별반 다를 것이 없다는 뜻이다. 왜냐하면 이것은 실제적 가치의 변화가 없기 때문이다. 악의적인 이기심에 의해 그 가치의 일부를 훼손하여 착취하고 개수만을 늘려, 그것이 마치 노력에 의해 얻는 부산물인 양 하기 때문이다. 그래서 불로소득은 유동성의 악화일 수밖에 없다.

유동성을 이용하여 불로소득으로 재화를 창출하려는 행위는 결국 우리 사회를 심각한 위기로 몰아가며, 사회적 기본 가치를 망가트려 회복하기 어려운 경제체계의 손상을 야기시킬 수 있다.

중산층 몰락의 가속화

유동성 위기는 중산층의 자금운용에 심각한 영향을 주며, 특히 은퇴 이후 은퇴자금을 이용하여 생활안정을 꾀하려는 연금수혜자나 퇴직금 운영자들의 소득원을 막아버려 하위 저소득층으로 몰락하게 한다. 또한 그들이 노후자금을 운용하기 어렵기 때문에 은퇴 이전의 생활을 유지하기 힘들게 되어 노령화와 더불어 생활형편이 더욱 나빠질 수밖에 없다. 이제까지의 전통적인 자금운용으로 주식과 펀드 및 파생금융상품이 은퇴생활자의 소득원이었다면, 유동성 위기는 이러한 금융의 역할을 다하지 못하게 해서 또 다른 경제적 저소득층을 양산할 것이다. 또한 지금과 같이 금융 자금경색으로 금융권으로부터의 대출을 통한 자금 구입이 어려울 경우, 중산층의 상당수는 경영에 어려움이 생겨 차하위 계층으로 전락하게 된다.

유동성 위기시 부동산, 주가, 금융상품의 가치가 하락될 때 현물, 유가증권, 현금의 세 가지 재화 중 가장 보유가치가 높은 것은 현금이다. 현금 이외의 것으로 부동산의 경우는 계속적인 추가 가치하락이 예측되기 때문에 오히려 현금으로의 전환이 어렵고, 유가증권의 경우는 가치 자체가 동반 하락되기 때문에 현금화할 때 더 낮은 가치에서 처리돼야 하므로 가치 저하가 필연적이다. 이에 반하여 현금은 교환가치의 상승으로 유동성의 실제적 가치는 극대화될 수 있다. 그러나 현시점에서 중산층은 현금보다는 부동산과 주식 등에 더 많이 투자하여 실제적 현금보유가 적어 유동성 위기에 대처하기 어렵게 되어 있다. 그래서 중산층은 유동성 위기가 진행되는 기간 동안 가장 큰 피해자로 남을 가능성이 크다.

마이너스 경제 성장

우리나라는 해방 이후와 6·25전쟁을 거치면서 작게나마 계속 성장해왔다. 특히 1960~1980년대에는 '한강의 기적' 이라는 고도성장을 경험하였기 때문에 마이너스 경제성장이라는 것은 외환위기 직후인 1998년을 제외하고는 비교적 생소한 개념이다. 그러나 이제부터는 경제의 후퇴라고 할 수 있는 마이너스 경제성장을 직접 경험하고 계속 경험할 수 있을 것이다. 왜냐하면 이번의 유동성 위기는 워낙 그 뿌리가 깊고 범세계적으로 확산되고 있어, 어느 한 부분의 집중적 지원이나 구조조정으로는 절대 쉽게 좋아질 수 없다는 것이 가장 큰 문제이다.

어쩌면 우리는 21세기의 상당기간 동안 마이너스 경제성장을 경험하게 될 것이다. 그리고 그것이 일반화되어 어느 정도의 숨고르기가 지난 후에야 비로소 점진적인 플러스 경제성장으로 전환되어 갈 것으로 예측된다. 또한 우리에게 다가온 유동성 위기는 그동안 우리가 향유해 왔던 경제적 여유가 미래를 담보하여 가불해 얻었던 것이라는 것을 인식시켜 줄 것이다. 지금까지 각 국가의 경제논리가 불로소득에 의해 재산을 증식하는 것이 마치 하나의 재테크이며 올바른 삶의 방법인 양 사회적 의식을 키워왔다. 그리고 그것을 통해 노력 없이 잘 먹고 잘 사는 것이 당연한 것처럼 여겼다. 그러나 이것이 우리 사회를 밑바닥으로 전락시킬 수 있는 행위임을 위기가 다가와서 비로소 일부 인식할 수 있다. 너무 잘못된 사회의식 때문에 아직도 상당수의 사람들은 올바른 판단을 못하고 있다. 이 때문에 우리는 위기를 만성화시켜 경제가 지속적인 마이너스 성장으로 흐를 수 있을 것이며, 이것을 통해 우리는 오랜 기간 고통을 받을 수 있다.

전방위적 위기로 확산

현재 일어나고 있는 범세계적 유동성 위기의 문제점은 첫째, 위기가 전방위적이며, 정작 필요할 때는 서로에게 직접적으로 도움이 되지 못한다는 점에 있다. 일시적으로 서로를 도울 수 있을 것처럼 보이나, 실제로는 '내 코가 석자' 이기 때문에 남의 어려움을 덜어줄 능력이 없다는 것이다.

둘째, 과거에 세계의 선진국으로 경제적 주도권을 쥐고 있던 국가가 모두 동질의 유동성 위기에 처해 있다는 점이며, 그들 모두 경제 운영방식이 동일하기 때문에 상호간에 도움이 안 된다는 점이다. 특히 중·후진국이 어려움에 처했을 때는 손을 내밀어 도울 수 있는 상황이 못 되므로 더욱 큰 문제라는 것이다.

셋째, 유동성 위기가 돈의 내재적 가치만을 가지고 재화를 획득하려는 불로소득의 마인드에서 발생된 것이므로, 이것은 근본적 정신자세를 고치지 않고는 쉽게 해결이 될 수 없다는 점이다. 다시 말하면 사회의식이 변하지 않고는 어렵다는 것이다. 우리의 과거 덕목이었던 성실, 근면, 검소, 절약, 노력의 사회적 가치를 모두에게 되살리지 않고서, **지금과 같이 금전만능, 나태, 방만, 적당주의, 한탕주의, 사행심, 불성실, 낭비 등**

의 흐트러진 정신자세로는 불로소득의 유혹을 뿌리치기 어려우며, 힘들여 일하고자 하지 않기 때문에 문제이다.

넷째, 기득권층이 이제까지 자신들이 향유해 왔고, 앞으로도 계속 이어질 수 있는 권리를 나누려고 하지 않을 것이다. 또한 이로 인해 분배의 심각한 불균형을 막을 수 없으며, 빈부격차만 더욱 심해져 없는 사람만 더욱 어려워진다는 것이 문제이다.

다섯째, 국가 간 격차가 유동성 위기를 통해 더욱 심해진다. 그래서 우리와 같이 생산성이 강한 수출 주도형 국가는 과잉생산으로 인해 생산위축이 생기고, 그에 따른 고용불안이 커질 것이다. 또한 범세계적인 유동성은 약화되어 국가 간 무역의 적자가 커져 보호무역주의로 회귀할 것이다.

여섯째, 유동성 위기가 시간의 직접적 영향을 받는다는 점이다. 돈이 시간과 관계를 가지고 이자와 같은 부가가치를 형성하기 때문에 시간의 흐름만 가지고도 큰 영향을 미친다. 현 시점의 100원이 며칠 후의 1,000원보다도 더 소중하고 긴요할 때가 있다. 어떤 위기의 순간에는 절대적으로 필요한 극소한 돈이라도 억만금보다 큰 가치가 있다. 우리가 위기를 모면할 만큼의 재화를 가질 수 있는지, 또는 우리에게 그만큼의 도움을 줄 수 있는 국가나 혹은 IMF가 존재할 것인지는 미지수이다.

일곱째, 항상 상존하는 국제 투기세력의 핫머니 혹은 환투기, 헤지펀드, 기타 곡물 및 석유 메이어 등의 자신들만을 위한 투기행위가 국제적 유동성 위기를 더욱 키우고 해결을 어렵게 한다.

여덟째, 사회적 위화감을 주고 낭비요소가 강하면서 소비를 위한 소비를 하는 분야의 조정이 쉽지 않다. 예를 들면 스포츠 스타와 연예 분야, 방송 분야의 과도한 연봉 및 출연료 등이 사회적 위화감을 주고 있다. 또 이러한 분야는 당연시되는 연기 행위를 통해서 쉽게 거짓과 허구의 사회성을 키워놓으면서도 존재한다. 왜냐하면 그들이 사회의 조미료이기 때문이다. 이들의 몸값은 사회적 거품에서 생기며, 비생산적 불로소득이지만 언론을 통해 교묘하게 조장되고 있다. 그리고는 마치 자본주의의 꽃이며 총아인 것처럼 취급되기 때문에 더욱 문제이다.

아홉째, 유동성 위기를 대처하는 데 있어서 상황을 억지로 조정하려고 하는 점이다. 이는 유동성이 재화를 통해 인위적으로 존재하는 경제체계이지만, 그 자체가 하나의 시장 경제체계이다. 그래서 그것을 인간은 쉽게 조절할 수 있다고 착각을 하고 억지로 인위적 개입을 시도한다. 그러나 유동성의 통제는 불가능하며, 오히려 시장의 흐름에 맡겨놓고 중요한 부분에서 원칙을 바로 세워주면 충분하다 하겠다.

열 번째, 고용과 분배의 문제점이다. 과거의 대공황시 생산성 위기에 대하여는 소비와 고용이 해결점이 되었다. 다시 말하면 전쟁을 통해 생산성을 촉진하고 대량소비가 가능했다. 고용 또한 전쟁을 수행하는 군인으로 저렴한 임금의 고용이 가능했고, 후방에 있는 사람 또한 군수물자 생산에 대량 고용이 되어 생산과정에서의 재분배가 가능했다. 그러나 현재의 유동성 위기는 생산 촉진은 물론 소득 재분배까지도 어려운 것이 문제이다.

열한 번째, 유동성 위기가 고용의 불안정을 불러온다는 점이다. 이는 고용형식에서 정규직과 임시직을 분류할 뿐만 아니라 설비의 과학기술화가 불러오는 고용 배척 현상을 일으키는 하나의 원인이다. 다시 말하면 기계화, 전문화를 통한 고용인원 감소가 결국에는 전체 고용의 축소를 가져온다. 또한 그곳에서 방출된 인원이 서비스업에 불안정한 상태로 고용되거나 자영업자화됨으로써 직업의 불균형을 야기시켰다. 그 결과 도산 및 파산의 비율이 상대적으로 늘어나 잠재 실업화되면서 사회문제화되었다. 그리고 그 중의 상당수는 재고용이 이루어지지 않아 사회보장의 대상이 될 수밖에 없다.

이상의 여러 가지 문제점이 복합되어 위기를 더욱 조장하고 해결을 어렵게 한다. 더욱 나쁜 것은 이러한 위기 때 어느 누구도 자신을 희생하고 다수를 위해 일하며, 자신이 가진 기득권을 포기할 사람이 없기 때문에, 우리가 유동성 위기를 지속적이고 만성적으로 끌고 갈 위험성이 많다.

유동성의 몰락 그 이상의 것

유동성 분야의 오랜 과열은 결국 반쪽으로 나타났다. 부동산 가격의 하강은 결국 반쪽으로 전환될 것이며, 금융 산업의 파생상품인 펀드의 반쪽 하락과 주식의 지수가 절반으로 하락하는 것 등은 이미 예정되어 있었던 것들이다.

앞으로는 문화, 예술, 체육 분야도 동일형식으로 반쪽이 될 것이다. 왜냐하면 이 분야는 금융이나 기업의 지원에 의해 존재하고, 유동성의 혜택을 받고 기생하며 키워져온 분야이기 때문이다. 지금까지와 같이 천정부지로 오르던 스포츠 분야의 연봉과 광고 스타들의 개런티와 문화·예술 분야의 작품 값 등의 거품은 유동성의 하락과 함께 몰락할 것이다. 억지로 경기를 부양시키려하나, 결국은 대세를 거스르지 못한다. 이미 유동성은 자신이 일궈낸 거품을 더 이상 견뎌내지 못하고 축소 지향적으로 변하여 자신을 보존하기 위한 자구책을 쓰고 있다. 아무리 금융기관에 정부 지원의 외적 자금이 유입되어도 그것은 금융 산업의 이기적 한계에 부딪쳐서 스펀지처럼 흡수되고 축적될 뿐 활용되지 않기 때문에 백약이 무효이다.

금융기관들은 정부의 정책에 수수방관하고 어떻게든지 살아남기 위해 자신들만을 위해 노력할 것이다. 이것은 결국 국민들에게 이중, 삼중의 손해를 줄 수밖에 없다. 그 이유로는 첫째로, 국민의 혈세가 유용되는 것이다. 이에 국민적 세금 부담만 더욱 키워진다. 둘째, 금융기관의 도덕적 해이만을 키워 금융기관이 더 이상의 자구노력을 하지 않게 된다. 셋째, 또 다른 포퓰리즘이 필요하기 때문에 외채에 대한 유혹과 국가 채무의 크나큰 증가가 예측되어 위기를 무사히 해결하여도 결국에는 경제 선진국의 종속 국가화가 될 수밖에 없다.

유동성의 몰락은 미국 경제의 몰락을 의미한다. 이제까지 세계의 경제를 주도해 왔던 미국이 지금과 같이 경제적 어려움을 겪는 것은 모두 이유가 있다. 과거의 청교도적 건실함에서 시작된 미국의 경제논리가 어느 순간 나태해지고 교만해져 지금과 같은 상황이 벌어진 것이다.

과거 세계 국가였던 로마를 보자. 로마는 그 당시 문명화된 서구 세계의 대부분을 정복한 후, 로마인 스스로가 나태해지고 방만해져 일하기를 게을리하고 향락적 산업과 여흥에 빠져 살았다. 그래서 심지어는 자신을 지키는 국방까지 남에게 맡기고 속주에서 보내주는 공물과 세금으로 생활하다가 국방을 담당했던 게르만족에 의해 멸망했다.

이러한 역사 속에서 우리는 지금 처해진 상황에 대해 교훈을 얻을 수 있다. 다시 말하면 미국의 유동성 위기는 예정돼 있었던 것이라는 의미이다. 유동성을 부풀려 부동산 투기와 재테크라고 칭하는 증권, 펀드 등의 불로소득을 통해 편안하게 놀고 먹으려는 미국인의 사고방식이 과거 몰락기의 로마인들의 사고방식과 무엇이 다를 수 있겠는가.

로마의 멸망에서 교훈을 얻지 못한다면 미국의 앞날은 지금까지의 영광도, 앞으로의 영화도 기대하기 어렵다. 또한 미국과 비슷한 경제논리를 가지고 있는 우리도 교훈으로 삼아야 할 것이다.

유동성 위기가 어떤 결과를 가져올 것인가

유동성 위기의 원인은 불로소득을 얻고자 하는 마음에서 시작되었다. 그로 인해 돈의 가치가 과대평가되고 배금주의 사회의식을 키웠으며, 그것으로 인해 사회계층간, 빈부간 격차가 크게 키워졌다. 우리가 돈을 이용해서 돈의 실제 역할인 교환가치를 버리고 부의 축적 수단으로 이용하였기 때문에 생긴 문제이다.

양화인 금화의 둘레를 깎아 새로운 금화를 만들면서 돈의 새로운 가치를 창출한 것처럼 하여 악화를 재생산하였다. 그리고 그 결과 양화를 추출하였으며 불량화폐인 악화로 돈을 전락시켰다. 이로 인해 악화가 판치는 세상이 되었으며, 종국에는 돈의 기본적 신뢰도와 통화가치를 잃게 되었다. 이것은 돈의 실제적 가치를 잃게 함으로써 유동성 위기를 가져온 것이다.

우리는 과거 악화를 방지하기 위해 한 현명한 조치를 기억한다. 금화의 둘레에 톱니를 두어 그 톱니가 망실되면 그것으로서 금화의 가치를 인정하지 않는 조치로 인해 악화의 양산을 막았던 것이다. 이처럼 우리에게 다가온 유동성 위기도 유동성 위기의 근본 원인인 부동산 투기, 증권 투기, 펀드 등과 금융 파생 산업에 대해 악화와 양화의 구분을 지어주는 톱니를 설치해 명확한 구분을 지어 줄 필요가 있다.

바로 이러한 조치가 유동성 위기를 해결하는 유일한 방법이다. 또한 그 과정에서 최우선으로 시행되어야 할 것은 모든 악화의 회수이다. 이러한 악화의 회수와 같이 부동산, 증권, 금융 등의 투기로 인한 부의 축적과 혜택을 국가 차원에서 회수하여야 한다. 그리고 더욱 엄격한 규제를 통해 깨어진 유동성의 신뢰를 되찾아야 한다. 그렇지 않고는 지금과 같이 미봉책으로 계속 위기를 해결하려고 한다면, 그 결과는 참담한 미래를 만들 것이다.

유동성 위기는 이제까지 우리가 경험해 왔던 경제위기 중 가장 광범위하고 피해 정도도 심각하다. 우선 유동성 위기가 유동성과 관련된 부동산, 증권, 금융 산업의 신뢰성을 망가트린 것이므로 이 분야부터 흐트러지고 손상을 받게 되어 있다. 이 때문에 그동안 혜택을 받아왔던 계층의 몰락이 필연적이다.

이러한 몰락은 소비성 분야에 끼쳤던 이들의 구매력을 상실하고 돈의 교환가치에 대한 신뢰를 무너뜨려 유동성 위기를 더욱 증폭시키는 효과를 가져 올 수밖에 없다. 이러한 위기는 자체의 신뢰성을 회복하기 전에는 불안전한 상태가 계속될 것이며, 차츰 실물경제의 생산성을 망가트릴 것이다. 이 과정에서 고용 또한 불안정해지고 불안정한 고용은 또다시 생산, 소비, 유동성의 경제체계를 흔들어 놓아 서로 상호간을 위축시키는 악순환에 빠지게 된다. 이러한 악순환은 불안정한 경제체계를 길게 연장시켜 기득권층보다는 서민의 경제를 더욱 어렵게 할 것이다.

이러한 상황은 우리나라에만 그치는 지역적인 것이 아니고, 전 세계적으로 차츰 심화되고 고착될 것이다. 또한 상황 변화에 따라 모든 국가가 서로 상대적인 손실을 받게 될 것이다.

과연 무엇이 이러한 광범위하고 전 세계적인 위기를 해결할 것인가. 앞의 내용과 같이 유동성 위기를 만든 세력을 배척하고 금화의 둘레에 톱니를 새기듯 유동성에 대한 절대적 규제가 필요하며, 통용되지 못할 악화를 빨리 회수하는 것과 같이 유동성의 악화를 제거하는 것만이 유동성 위기에서 우리를 구할 수 있는 유일한 방법이다.

우리 인류는 위기의 시대에 닥쳐서 그에 대한 하나의 해결법으로 전쟁을 선택해 왔다. 전쟁을 명분으로 군대에 사람들을 모병하면서 수십, 수백만을 저임고용하고, 전쟁 물자에 대한 생산을 고무시키고, 전쟁과정에서 대량소비 하였다. 그리고는 전쟁 후 승자가 모든 것을 갖고, 패자는 또 다른 고통을 감수하게 하는 이분법적 해결법을 썼다.

이와 같이 전쟁은 위기로 인한 생산, 소비, 고용, 유동성 등의 4마리 토끼를 한꺼번에 잡을 수 있는 최상의 방법이다. 그러나 이것은 절대적인 명분이 있어야 하며 국민적인 호응이 선행되어야 한다. 낮은 임금에도 불구하고 생명을 걸고 나라를 지키기 위해 적과 싸우는 명예로운 행위 뒤에는 또 다른 경제위기의 해결법이 담겨 있었던 것을 우리는 역사를 통해 알고 있으며, 때에 따라서는 이것을 하나의 방책으로 실천해 왔다.

그러나 지금은 전쟁시기가 아닌 평화시기이다. 전쟁의 방법을 사용하기에는 현재의 상황이 불가능하다. 설사 기회가 있다고 하더라도 전쟁을 통한 위기의 해결은 최악의 선택이다.

그러면 과연 어떠한 방법이 위기를 해결하고 고용, 생산, 소비, 유동성의 4마리 토끼를 동시에 붙잡을 수 있을 것인가. 이것을 전쟁이라는 개념에서 재분석해 보면 다음과 같은 방법이 나올 수 있을 것이다.

전시에는 첫째, 국민적 총화가 이루어져야 한다. 둘째, 개개인의 욕망은 절제해야 된다. 셋째, 분배가 공평해야 한다. 넷째, 어려움에 대해 인내할 마음의 준비가 되어야 한다. 다섯째, 저임금도 참고 생활 자체를 근검하게 해야 한다. 여섯째, 각 계층의 희생을 국가가 요구하고 국민은 참아내야 한다. 일곱째, 경제의 체계가 단순화되고 원칙적이어야 한다. 즉, 이와 같이 우리에게 닥쳐진 유동성 위기는 전시 체제에서 보여 주는 여러 가지 덕목이 사회 전반적으로 받아들여지고, 그에 따라 착착 실행이 되어야 비로소 지금 우리에게 닥쳐온 위기를 해결할 수 있을 것이다.

1. 유동성 위기의 해결을 위하여

유동성 위기를 해결하려면

유동성 위기의 해결은 지속성과 의연함 그리고 겸손함이다. 우왕좌왕하고 임시대책, 비상대책으로 쉽게 해결된다면 그것은 위기가 아니다. 위기가 느껴질 때는 항상 어떤 조치도 늦었다는 뜻이다. 다시 말하면 위기의 해결책은 없다는 뜻이며, 위기는 쉽게 해결이 되는 것이 아니고 지속적으로 충분한 고통을 겪은 뒤 겸손해질 때가 되어야 비로소 자연스럽게 해결된다.

위기가 발생되었을 때는 누구도 자신이 가지고 있던 이전의 타성을 버리지 못한다. 그래서 위기의 어려움을 남의 몫으로 돌리고, 가능한 자신은 큰 어려움 없이 위기의 순간을 빠져나가려고 하기 때문에 모든 해결책이 미온적이 될 수밖에 없다. 따라서 그 결과는 무책이 상책이 되어버린다.

오히려 빠른 해결책을 내놓으면 위기에 닥친 개개인이 자신의 욕망과 이기심으로 인해 마치 타인의 위기가 자신의 기회인 양 착각하여 위기는 더욱 실타래 엉키듯 하여 해결만 어려워질 뿐이다.

지금 우리에게 닥쳐진 문제가 하나라면 하나씩 해결하면 된다. 그러나 그 위기의 상황이 복합적이라면 한 가지씩의 단계적 해결은 불가능해진다. 왜냐하면 한 가지의 문제를 일시적으로 해결했다 하더라도 다른 문제가 해결되지 않으면 해결된 문제에 다시 영향을 주어 전혀 다른 어려운 문제로 변형되기 때문이다. 그래서 복합적인 문제에서의 해결법은 전체를 동시에 조금씩 해결할 수밖에 없으며, 그에 따라 진척이 쉽게 보이지 않는 지루한 해결이 될 수밖에 없다. 그러므로 지금과 같이 복합적인 유동성 위기는 장기간에 걸쳐 오랜 고통을 받고 경험하고 나야지만, 비로소 그 무엇이 문제이고, 무엇을 어떻게 해결해야 하는지를 알 수 있어 그 해결이 가능하다.

위기의 해결책은 단기책과 장기책이 있다

위기의 해결은 단기간 실천되어야 할 것과 장기적으로 고려해야 할 방책이 있다. 단기간 동안의 해결을 위해 극단적인 방법을 선택하여 국민을 혹독한 시련 속으로 몰아서도 안 되며, 장기간 동안 해결한다고 방만하게 접근하여 해결을 못하고 더욱 위기를 심화시켜서도 안 된다. 다시 말하면 적절한 정책을 세워서 국민의 고통을 덜어주고 위기에서 탈출할 수 있도록 해야 한다는 뜻이다. 또한 그 결과가 그 후에도 장기적인 안목을 가지고 기존의 위기가 또 다른 위기를 만들지 않도록 지속적인 정책이 만들어져야 한다.

단기책으로는 유동성 위기의 1차 원인이 금융 산업의 과열화이므로 과열화를 진정시키고 안정화시킬 수 있는 정책이 선정되어야 한다.

이를 위해 첫째, 이해 당사자의 설득에 의한 점진적인 구조조정이 있어야 한다. 둘째, 신속한 유동성 위기 해결을 위해 임기응변적인 공적자금 투입을 자제해야 한다. 셋째, 금융 산업의 근본적 역할을 되찾을 수 있도록 국가가 정책적으로 개입해야 한다. 넷째, 저금리 정책을 이용하여 억지로 소비나 내수 진작을 꾀하는 것보다는 국민경제의 활력을 찾을 수 있는 진정한 내수 진작책을 써야 한다.

유동성 위기의 2차 원인은 주식시장의 거품으로, 이러한 거품은 반드시 제거되어야 한다. 그러나 주가의 큰 변동은 외국 투기 자본에 의해 결국 국가적 부의 낭비를 가져오게 된다.

따라서 첫째, 기업의 실적 이상의 주가 과열화를 막는 규제책이 필요하다. 둘째, 주식의 투기성에 대하여 국민의식이 고취되어야 한다. 셋째, 외국 자본의 전횡을 막을 수 있는 대책 수립이 필요하다.

유동성 위기의 3차 원인은 부동산 시장의 거품이다. 이는 증권의 경우와 같이 우리 사회 속에 잠복해 있던 투기성 자금들이 부동산 거품을 일으키고 주택 값만 올려놓고는 이익을 취하였다. 그리고는 치고 빠지기식으로 그 혜택만 받고 빠져나가 지금은 선의의 피해자만이 남은 상태이다. 이 때문에 부동산의 급격한 하락은 경제 전반에 위험을 초래할 수 있다. 그래서 부동산에 대한 정책은 신중을 기해야 한다. 그러나 또 다시 부동산 거품을 일으키는 부양책을 쓰는 경우, 잘못하면 여우를 피하려다 호랑이를 만나는 우를 범할 수 있다.

장기책으로는 우선 국민 전체를 대상으로 경제와 유동성 위기의 본질에 대한 교육이 선행되어야 하고, 그에 따른 인식의 전환이 필요하다.

이것을 위해 국가의 경제정책은 먼저 국민과의 소통에 주안점을 두어 상생의 근간에서 집행하여야 한다. 특히 앞의 단기책만으로는 유동성 위기가 쉽게 해결되지 않는다는 것을 유념하여 장기책을 병행하여 자연스럽게 단기책에서 장기책으로 이양되도록 정책을 세워야 한다.

장기책의 첫째는 단기적으로 경제를 안정시키고, 장기적으로 성장 잠재력을 확충시키도록 정책을 펴야 한다. 둘째는 최소의 희생으로 다수가 위기를 무사히 넘길 수 있다면, 이것은 최선의 방책이 되어야 한다. 그러나 누가 최소의 희생양이 될 것이냐 하는 점인데, 위기의 상황에서는 기득권자가 최소의 희생자로 자진 솔선수범해야 하며, 그것을 통해서 약한 다수가 위기로부터 이겨낼 수 있는 힘을 갖게 되어야 한다. 그러나 대부분의 인간사에서 일어나는 희생은 약자 다수의 희생일 경우가 대부분이다. 이것을 기회삼아 일부 기득권층이 상대적으로 위기에서 안전을 얻어 또 다른 부를 축적하려고 하기 때문에 오히려 역효과가 일어난다. 셋째는 과거 외환위기 때는 정부 주도 하에 부실 금융을 살리기 위해 외채를 빌려다 쓰고 그것으로 해결하려고 하였으나, 결국 그 모든 것이 국민의 부담으로 남기는 상황이 되었다. 하지만 그것에 대한 충분한 인식 교훈을 시키지 못했다. 넷째는 앞으로 장기간 나아가야 할 방향에 대한 국민적 공감대를 형성해야 한다. 다섯째는 위기에서 벗어났다고 착각하고 쉽게 긴장을 이완해서는 안 되며, 위기의 해결과정에서 또 다른 국가 사회의 발전을 위한 원동력을 찾아야 한다.

위기에 대한 대책은 적절한가

세계 각국은 금융 위기 때마다 공적자금 투입이라는 구제금융책을 쓴다. 이것은 금융 산업의 유동성을 외부 자금을 끌어들여 원활하게 하려는 하나의 방법이다. 효과적이기는 하지만, 그 결과가 국민의 부담으로 남는다는 점에서 함부로 선택될 수 없는 방법이다. 특히 공적자금의 투입은 대체적으로 다소 과장되게 산정되어 투입되기 때문에 금융 산업의 도덕적 해이를 유발하기 쉽다. 그리고 잉여자금은 국민경제를 망가트릴 수 있는 포퓰리즘을 유발하여 종국에는 또 다른 금융 위기를 맞게 한다. 또한 부적절하게 적게 투입되는 경우에는 그 효과가 기대에 못미처 신뢰성을 상실하는 금융경색을 가져올 수 있으므로, 최적화된 공적자금 투입금액 산출이 필요하다. 이러한 공적자금 투입금액은 산술적으로 산정하기는 쉽지 않으나, 몇 가지 요소를 정리해보면 수월할 것이다. 우선 유동성의 내적 팽창 압력이 어느 정도가 되느냐는 점에서 고려되어야 한다. 그 내적 압력은 첫째, 금융 산업분야에 해당되는 총 임금의 크기와 통화 증가량 및 생산성 분야에서 인입되는 금액의 상관관계에서 결정될 것으로 본다.

유동성의 팽창은 금융 산업의 균열을 낳고, 그것은 유동성 위기를 가져온다.

이것을 수치적으로 표현해 보면,

T=(a/2)ΦP이며,

여기서, T : 위기 지수
　　　a : 총 임금
　　　P : 총 통화량

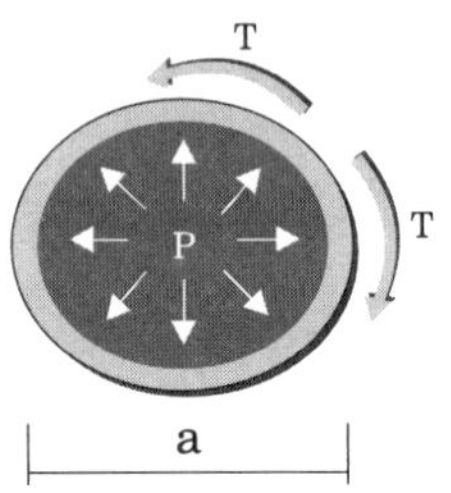

유동성이 생산성과 관계없이 독자적으로 움직이는 경우, 즉 금융 산업이 극도로 발달한 경우 $\Phi = 360° = 2\pi$

T = (a/2)2πP

T = 3.14a×P 이다.

즉, 금융 위기 지수 T는 금융 산업 분야의 총 임금과 통화 증가량에 비례한다. 즉, 유동성 위기가 발생하는 경우는 유동성 분야 종사자의 총 임금을 줄이거나, 또는 임금을 현 상태로 유지하려면 구조조정을 통해 인원을 줄여야 하며, 외적 팽창 압력을 줄이기 위하여 통화량을 줄여야 한다. 이같은 경우는 금융규제를 풀기보다는 금융규제를 강화하여 유동성을 줄이고 생산 분야의 투자를 확충하고, 유동성 분야의 내적 압력을 감소시켜야 한다.

이와는 반대로 외적 자금만 유입하고 그것을 통해 유동성 소비 분야인 부동산 투기, 금융 투기, 증권 투기를 유도하는 경우에는 더욱 악순환에 빠진다. 그래서 결국 투입된 공적자금도 얼마 지나지 않아 '밑 빠진 독에 물 붓기' 꼴이 될 것이다. 이로 인해 빈부의 격차만 더 커지고, 서민들의 생활도 더욱 어려워지게 될 것이다.

생산성 분야의 투자 확충은 기업의 시설투자와 고용 확충이 최우선이다. 따라서 대기업이 적절한 분야의 시설투자를 하게 유도하고, 중소기업이 고용을 확대할 수 있도록 하여야 한다. 특히 중소기업의 고용창출을 위해서는 중소기업의 임금을 국가가 보조하여 대기업 수준의 70~80%까지 이끌어 주거나, 대기업의 임금을 중소기업 수준으로 낮추어야 한다. 그러기 위해서는 대기업의 임금을 규제하여 상호 기업 간의 임금 격차를 줄여야 한다. 또한 대기업의 시설투자를 이끌어내기 위해서는 규제를 풀어주기보다는 시설투자 이익에 대한 손실을 보전해 주고 노조의 관여를 일정기간 못하도록 하여 투자비의 회수를 손쉽게 할 수 있도록 해 주는 것도 하나의 방법이겠다. 특히 유동성 위기는 금융 산업 분야의 내적 발전이 돈놀이 수준으로 전환된 과정에서 발생되는 현상이므로 금융 산업 분야의 임금은 필수적인 규제 대상인 것이다. 여기서 가장 중요한 것은 유동성과 노동에 의한 생산성의 조화에 있다고 본다. 이것을 위해서는 유동성과 생산성 분야의 임금 격차를 줄이고 금융 산업 분야의 건전성을 확보하도록 하는 것이 최선이다.

유동성 위기는 통화의 팽창성과 관계되어 있으며, 내적 유동성 밀도가 높을수록 안정적이다. 마치 팥죽 끓일 때 죽의 밀도가 높으면 높을수록 외적 영향을 덜 받고 죽의 끓는 거품이 적게 일어나듯 유동성 위기 때 총 통화량을 줄여 통화 팽창을 막아야 유동성 밀도가 높아져 안정적이 된다. 단순이 끓는점을 낮추기 위해 물을 부어 식히면 일시적으로 안정이 되는 듯하지만, 결국 또다시 과열되어 끓는 거품이 발생되는 위기 상황이 재현된다. 이렇듯 외부 자금을 계속 유동성 쪽으로 유입하면 총 통화량만 증가시켜 인플레이션을 유발하고, 위기를 가중시킬 수 있다. 이는 원초적으로 위기를 해결할 거품을 가라앉힐 수 있는 조건이 아니기 때문에 미봉책에 지나지 않으며, 결국 더 큰 위기를 맞게 된다.

미국의 경우 1930년대의 대공황은 요행히 2차 대전으로 넘어갔다. 그러나 현재와 같이 유동성 위기에 의해 촉발될 공황은 대처할 방법이 없다. 우리나라도 비슷한 경우에 처할 것으로 여겨져 이에 대비한 다각도의 연구가 필요하다.

유동성 위기에 대한 처방

경제위기는 사람으로 치면 신체의 병이라고 할 수 있다. 인간에게 몸을 상하게 하는 병이 발생되면, 그 병이 몸을 괴롭히고 아프게 하며 힘들게 하듯이 경제의 체계 속에서도 위기가 오고 그 결과가 사회에 어려움을 준다. 다시 말하면 경제위기도 일종의 사회의 병으로 인간이 신체의 병을 치유하듯이 그 원인을 정확하게 파악하고 적절한 치료와 처방을 하는 것이 중요하다. 그러나 경제위기 처방도 인간에게 있어서의 병과 마찬가지로 진찰하는 의사의 수준에 따라 돌팔이와 명의의 구분이 뚜렷하다. 온갖 만병통치약을 동원해서 치료를 하여도 잘못된 진단과 처방은 오히려 병을 더 악화시킨다. 그리고 결국에는 병을 만성화되게 만들기 때문에 시기적절한 치료도 중요하지만 정확한 진단과 처방이 더욱 중요하다.

요즘 중년여성에게 많이 나타나는 'ㅇㅇㅇ 저하증'이라는 호르몬분비 이상의 병 아닌 병이 있다. 그러나 이 환자들의 공통적인 특징은 종합병원적 증상을 보인다는 점이다. 두통, 안구건조, 목통증, 심장 통증, 소화

불량, 월경불순, 하지부종, 손발·끝 저림, 기억감퇴 등 몸의 각 부분이 모두 발병 부위가 된다. 그러나 각 사람마다 그 각각의 증상이 개별적으로 나타나기 때문에 이 병에 걸린 환자는 각각의 개별적 전문의에게 가서 개별 부분에 대한 치료를 받는다. 그러나 전체적으로는 전혀 호전되지 못한다. 이것은 정확한 병의 원인을 찾아내지 못해 지속적으로 만성화된 병인 것처럼 나타난다. 하지만 그 원인은 한 가지 '○○○ 저하증' 이다. 그래서 이에 대한 치료가 지금껏 해결하지 못했던 다른 여러 가지 병적인 요인을 해소할 수 있다.

지금 우리가 겪고 있는 유동성 위기도 마찬가지다. 외적으로 보면, 여러 가지 원인이 복합되어서 생긴 사회적, 경제적 병의 현상처럼 보이나, 실제로는 단 한 가지 원인이다. 즉, 현재의 유동성 위기는 돈을 이용해 불로소득을 얻으려는 마음과 그에 뒤따르는 경제 행위에 의해 생긴 것이다. 이에 우리는 이 잘못된 의식과 경제방식을 바꾸지 않고는 절대 해결할 수 없다는 것을 알아야 한다. 더불어 인간의 욕망 분출에 필요한 스포츠, 연예 분야의 정도를 넘는 부의 치중과 쏠림현상이 또 다른 포퓰리즘적 유동성 위기 발발 요인이 되고 있다. 이러한 분야가 경제적으로 잘못된 분배의 근원이며 또한 명백한 불로소득 분야임에도 불구하고, 마치 또 하나의 생산성 분야인 것처럼 치장되어 왜곡되고 있으므로, 이러한 것에 대한 바른 정립이 필요하다.

유동성 위기의 치유 방법

지금 전 세계적으로 파급되어 가는

유동성 위기는 그 원인이 놀고먹는 데서 발생한 것이다. 유동성 자체가 금융상품에서 나온 것이기 때문에 우리의 속담에서 이야기되듯 '하늘은 스스로 돕는 자를 돕는다' 혹은 '일찍 일어나는 새가 모이를 먹는다' 는 등의 스스로의 노력에 의해 무엇인가를 얻어야 됨에도 불구하고 아무 노력 없이 돈만을 가지고 이런저런 술수를 써서 돈을 벌려고 하기 때문에 일어난 일로, 결국에는 자기 살 잘라먹기가 되어 위기로 발전한 것이다.

별 노력 없이 돈을 이용해 부동산 투기를 하고, 펀드를 하고, 증권 투기를 하는 것은 누적되어 경제를 곪게 한다. 그리고 그렇게 곪은 부분이 우리에게 고통을 주는 위기로 나타난 것이다.

이러한 이유로 유동성 위기가 발생된 것이기 때문에 그것을 치유하기 위해서는 곪은 부분을 충분히 곪도록 놔두어야 한다. 그런 후 곪은 부분을 전부 도려낸 후에 치료를 해야지 곪은 부분이 전부 제거되기 전에는 그 위에 아무리 좋은 약을 발라도 상처를 치유할 수 없다. 그리고 치료가 되지도 않는다. 다시 말하면 곪게 만든 부분을 근원적으로 제거하거나 도려내지 않는다면 절대 완치가 불가능하다. 미봉책으로 곪은 상처 위에 적당히 알코올로 닦아내거나 머큐로크롬(빨간 소독약)을 바른다고 해서 치료가 되지 않으며, 오히려 잘못 건드려 상처만 덧나 더 큰 고통만 가져다 줄 뿐이다.

또한 근원적인 치료방법이 사회에 고통을 준다고 서로 고통분담하기를 꺼려하면 상처의 치유는 요원하다. 어차피 곪은 상처이고 어느 정도의 고통이 각오된다면 과감한 상처 수술이 필요하다.

우리가 지금 겪고 있는 유동성 위기에서 긴급히 수술되어야 할 부분은 우선 파생금융상품과 부동산 투기, 증권 투기 부분이다. 또한 이것으로 이익을 볼 수 있는 여건의 사회적 제거가 필요하다. 다시 말하면 부동산 가격은 투기로 인한 급등 이전으로 돌아가야 하고, 증권도 적절한 수준까지 빠져야 하며, 그 분야의 급료도 과감히 삭감되어야 한다. 또한 이 과정을 통해서 이득을 본 계층이 있다면 그들이 본 이익만큼을 사회에 자신들의 것부터 내놓아야 한다.

우리는 위기의 치유를 위해 공적자금을 조성하고, 그것을 집행하고 있다. 그러나 지금처럼 우리 사회가 유동성 위기라는 악화로 만연된 상태에서 국가가 보증하는 양화인 공적자금이 투입된다면 과연 그 투입된 공적자금은 어떻게 될 것인가. 그레셤 법칙과 같이 '악화가 양화를 구축'해서 양화의 존재가 악화로 변해 사라져버릴 수밖에 없을 것이다. 다시 말하면 투입된 공적자금도 또 다른 악화가 되어 금융기관의 도덕적 해이에 의해 밑 빠진 독에 물 붓기가 되고 말 것이기 때문이다. 그래서 공적자금은 집행보다는 오히려 집행 후 철저한 관리가 중요하다.

이 때문에 위기의 치유가 근원적 치료가 되지 않으면 결국 위기 상황은 계속될 것이고, 이 고통은 오히려 서민이 짊어지게 되어 더 큰 사회적 혼란과 파국으로 나아갈 수 있다.

이번의 유동성 위기는 '하늘이 놀고먹는 자를 벌하기 위해' 내려준 교훈으로 닥쳐 온 것이기 때문에, 우리는 이 교훈을 가슴에 깊이 새겨야 하며 또 다시 같은 우를 범하지 않도록 명심해야 한다.

파생금융상품의 처리

유동성 위기의 해결책은 자체에 있

다. 즉, 자체의 뼈를 깎는 구조조정 없이는 모든 방법이 소용이 없다는 뜻이다. 우선 유동성 분야에 종사하는 사람의 연봉 및 근무인원에 대한 감축이 선행되어야 하며, 그동안 난맥상을 이루고 있던 파생금융상품의 대대적인 정리가 필요하다. 또한 쉽게 불로소득을 얻으려는 유동성 분야의 종사자들의 가치관이 전환되어야 한다.

더욱이 유동성 분야는 생산성 부분의 조력자 역할이 되어야지 자신들만의 영역 내에서 돈을 회전시키고, 그에 대한 이득과 혜택을 받는다면 결국 헛돌리는 자동차 바퀴와 같이 유동성 과열과 위기가 찾아오게 된다.

무절제한 유동성 시장원리가 종국적으로 위기를 자초했고, 한참 치료가 되어야 할 지금도 위기 해결법이 잘못 진행되고 있다. 원인이 유동성 자체의 과열인데 '언 발에 오줌 누기' 격으로 언 발에 오줌을 눈다고 언 발이 해동되지 않으며, 오히려 식으면 더 얼어붙는 나쁜 상황으로 전개된다. 이렇기 때문에 유동성 위기에서 온 신용경색은 풀어지기 어렵다.

유동성 신용경색은 각 경제 주체간의 상호 신뢰가 깨진 데서 오는 것이다. 그것은 금융기관, 기업, 개인이 자신들의 극단적인 이익추구와 '막가파식'의 돈놀이에서 기인한 것으로 재테크라는 명목 하에 급조된 이윤추구와 파생금융상품 때문이다.

이러한 파생금융상품은 서로가 실타래처럼 엉켜서 난맥상을 이루기 때문에 그 엉켜진 실타래를 누구도 풀어내지 못한다. 이것을 해결하려면 우리는 알렉산더의 지혜에서 찾아야 한다. 엉켜진 실타래를 차근차근 제대로 풀어 쓸 수 없다면 일도양단(一刀兩斷)하는 과감성이 필요하다. 그래서 조각을 내서 다시 연결해서 쓸 수 있는 그러한 지혜로 위기를 대처해야 한다. 그렇다면 어떻게 일도양단해야 하는가. 그것은 은행과 투자은행 및 증권회사 등의 금융 산업 전반에 대한 구조조정과 재편이다. 다시 말하면 금융기관 사이의 통합과 퇴출 및 축소를 바탕으로 하여, 투자처도 생산성 분야와 같이 건전한 부분으로 전환시켜야 한다. 돈이 돈을 만들어 혜택을 받는 불로소득적 재테크를 자제하고, 적은 이익이지만 만족할 수 있고 또 사회에 기여할 수 있는 건전한 투자방법을 개발해야 한다.

유동성에 대한 사회 철학의 재정립

산업혁명 이후 1929년 미국의 대공황은 생산성 과잉으로 발생되었고, 약 40년 후인 1973년에는 석유파동에 의한 오일쇼크가 에너지 과소비로, 그 후 약 40년이 지난 2008년에는 유동성 위기가 발생하였다. 대공황 때 생산성 위기는 유동성이 통화량 증감에 대한 내적 균형을 맞추는 조화가 이루어지지 않아 발생하였고, 그에 따른 소비의 축소로 생산이 위축되었다. 또한 고용이 불안정하게 되어 결국 대량실업으로 가는 상황이 벌어졌다. 이러한 불황이 유동성의 주체인 금융과 증권의 몰락을 가져왔으며, 그 결과 생산성과 유동성의 내적 균형이 깨지게 된 것이다. 돈의 특성상 생산성에서는 보조 역할에 그치지만, 유동성은 주도적이기 때문에 생산성 위기 때보다 유동성 위기 때 돈을 통해 위기를 해결하기가 더욱 어렵다. 지금 미국의 경우 공적자금으로 유동성 위기를 해결하려고 하고 있다. 그러나 이것은 유동성의 연료인 돈으로 가열화된 유동성 위기를 해결하려 하기 때문에 불에 기름을 붓는 격이 되기 쉽다. 일시적인 유동성 위기는 구제 금융으로 해결할 수 있으나, 지금의 위기는 그동안 40년 이상 가열시켜온 장기적인 유동성 위기이므로 공적자금의 투여로는 해결이 어려울 것으로 보여진다. 이 때문에 보다 적극적이고 효과적인 냉각법이 필요하다.

냉각법이란 유동성 분야를 강한 규제를 통해 냉각시켜 금융 산업이 내적 균형을 이루도록 구조조정과 종사자의 연봉 삭감 및 인원 감축 등의 합리적이고 효과적인 1차적 조치가 필요하다. 그리고 2차적 조치로는 다중·다양한 금융기법을 단순화시켜 재테크의 실용성을 키워야 한다. 3차 조치로는 금융기관의 투자처를 자체 금융 산업이나 증권, 부동산 등의 소비적 유동성 분야를 떠나서 과학기술에 입각한 첨단 과학기술 분야나 생산적 산업 분야에 직접 투자하여 공리성을 높일 필요가 있다. 4차 조치로는 금융, 증권, 부동산 등의 불로소득적 재테크 분야를 억제하고, 실제적인 성실한 근로에 의해 소득을 취할 수 있도록 근검정신을 함양하여 생산성과 내적 균형을 갖도록 해야 한다. 5차 조치로는 개척성을 근간으로 산업 인프라 구축 및 수출의 다변화와 다양화를 꾀해야 한다. 또한 우리의 경우는 위기의 초기에 수출 부진과 실물 과잉 투자에 의한 생산 과잉을 겪을 수 있어 이에 대한 대비를 해야 한다. 이에 대한 조치로는 새로운 소비자를 찾아 수출 다변화를 시도해 우리의 생산품을 수출하여 생산 잉여품을 없애야 한다.

지금의 우리나라는 북미시장을 주 대상으로 하여 수출산업이 이루어지기 때문에 북미나 유럽 국가의 유동성 위기로 인한 소비 수축은 우리의 생산성에 치명적인 타격을 줄 수 있다. 따라서 수출을 주 무기로 하는 우리의 생산성을 유동성과 내적 균형을 이루도록 하려면 생산능력을 키워야 한다. 또한 소비지역을 찾아 개척하는 것이 무엇보다 중요하다.

수출의 다변화에서 가장 중요한 것은 비록 지금은 구매력이 없더라도 장차 문화·사회적 발전을 통해 구매력이 향상될 수 있는 국가(동구권, 러시아, 아프리카, 베트남, 북한, 중남미 등)에 대물 원조형식의 방법으로 미래지향적 수출을 개척해 나가는 것이 필요하다. 대외적으로 외국의 값싼 노동력을 얻기 위해 외국으로 진출한 기업의 국내 유치 및 북한지역 유치 또한 필요하다. 특히 북한에는 장차 통일을 대비하여 비군사적 지원이 필요하다. 6차 조치로는 유동성 및 생산성에 관한 정부 정책이 일관성을 유지해야 한다. 정책의 지속성 없이는 유동성에 대한 변동성이 커져서 그로 인한 금융 산업의 안정화를 이루기 어렵기 때문에 정책의 장기적 일관성이야말로 금융 위기를 해결해 나갈 수 있는 최종적 방법이라 하겠다. 더불어서 범세계적 유동성 및 생산성의 변화 추이에 발맞추어 나가야 하며, 보다 많은 정보를 확충하여 대응조치가 신속하고 적절히 이루어지도록 노력해야 한다.

유동성을 시장원리에 맡기지 마라

유동성은 생산과 소비의 실물경제를 보조해 주고 원활하게 해주는 역할을 하는 것이다. 다시 말하면 독자적인 경제체계를 가지고 시장원리를 적용할 수 없는 분야인 것이다. 시장원리라는 것은 공급과 소비가 만나는 점에서 가격이 결정되고, 그것을 자연스러운 경제 흐름으로 받아들이는 것이다. 그래서 시장원리는 반드시 생산물과 소비자가 존재하는 속에서 성립되는 것이다. 그러나 유동성은 그 자체가 독립적인 경제체계도 아니고 스스로 생산물과 소비자를 만들어 수급을 하는 것도 아니다.

유동성이란 재화의 역할을 통해 나타나는 무형의 경제체계이기 때문에 이러한 무형의 것을 이용하여 유형의 부가가치를 만들려고 하는 데 문제점이 있는 것이다. 현재에도 금융 부분과 증권 부분에는 감독원을 두고 법적 관리를 하고 있으나, 정책을 수행하는 것 이외에는 해당 분야에 대해서 수동적 규제방법을 적용해 매사 일이 저질러진 후에 사후약방문격으로 통제하고 있다. 그러나 유동성 부분의 규제는 이것으로 부족하다. 왜냐하면 유동성의 방만한 통제는 불로소득의 온상이 되어 힘든 노력 없이 부를 취하고, 배금주의를 조장하여 건전한 사회에 큰 해악을 끼치고 있기 때문이다.

잘못된 논리에 의해 강요되어 온 시장원리를 불로소득적 유동성에 적용해서는 안 된다. 마치 노력 없이 금화의 둘레를 깎아서 새로운 악화를 만들고, 그것으로 또 다른 교환가치를 만들려고 하는 것은 명백한 사기 행위이며, 그것을 통해 이루어지는 배금주의나 물질만능주의 또한 사회악인 것이다.

악화를 사회에 널리 퍼지게 하여 자신들의 이득을 취하고 재물을 향유하려는 유동성의 조작은 결국 사회를 붕괴시키고 타락시키는 첩경임을 우리가 인식하고, 부동산 투기, 증권 투기, 펀드가 사회에 만연하지 못하도록 금화에 톱니를 새기듯 국가 차원의 절대적인 통제가 필요하다. 부동산이 재산 소유의 가치와 금전 취득의 투기적 가치를 갖지 못하도록 제어하고, 증권이 불필요한 투기의 온상이 되지 않도록 부양하지 말아야 하며, 금융은 자기 본분과 본연의 역할만을 수행할 수 있도록 억제시켜야 한다.

우리는 경제운용에 있어서 '보이지 않는 손' 인 시장원리를 이야기한
다. 시장원리라고 하는 것은 정부의 의도적인 개입 없이 경제의 흐름대
로 두는 것을 말한다. 그러나 우리가 알고 있는 시장원리라는 것은 생산
과 소비간의 수급상황에서 벌어지는 경제논리로 유동성에 적용되어서는
안 된다. 다시 말하면 유동성은 그 자체가 독립적으로 운용되는 경제체
계가 아니고 생산과 소비간의 원활한 연결을 위해 존재하는 체계이므로
자체의 수급에 대한 시장원리가 존재할 수 없으며, 이때의 수급원리는
능동적이기보다 수동적 차원에서 생산과 소비의 보조 역할로 존재하는
것이다. 유동성을 시장원리에 맡긴다는 것은 우선 부동산의 경우에는 포
퓰리즘이 적용될 때 투기에 의해 무작정 값이 올라가도 방치해야 한다는
의미이고, 증권의 경우 작전세력에 의해 주가가 조작되어도 방임하게 되
는 경우이며, 파생금융상품이나 펀드가 남발되어도 시장원리에 따라 방
조하는 것이다. 그렇기 때문에 이러한 시장 원리에 의거한 방치, 방임,
방조는 결국 유동성 위기를 불러오고, 유동성 분야 외의 경제 구조를 망
치게 되는 결과를 가져온다.

부동산에서, 특히 아파트의 경우 우리는 착각을 하고 있다. 아파트가
생산과 소비의 시장원리가 적용되는 수급관계에 있는 것은 건설회사가
아파트를 건설하여 입주자에게 분양을 하는 1회의 경우에 한한다. 그때
만 생산과 소비의 시장원리가 성립되고 기존에 있는 아파트나 재건축 등
에 의해 거래되는 아파트의 경우는 단순한 유동성 재화로 보아야 한다.
그래서 이러한 경우는 수급에 대한 시장원리보다는 규제나 통제에 의해
아파트 가격 변동을 억제하여야 한다. 증권의 경우도 시장원리가 적용되
는 것은 주식회사가 만들어지면서 발행하는 최초의 주식만이 해당되며,

그 이후의 증권거래는 유동성에 해당된다. 더욱이 파생금융상품이나 펀드는 처음부터 유동성 부분에 해당되므로, 이 또한 단순히 시장원리를 적용해서는 안 된다.

미국식 경제운용을 본받지 말자

1990년대 빌 클린턴 대통령 이후 미국 경제는 산업 경제에서 금융 경제로 전환하였다. 다시 말하면 돈의 생산성보다 유동성을 중시하여 세계를 상대로 돈놀이를 시작한 것이다. 그 이후 미국 내의 기업 생산성은 전반적으로 저하되었다.

세계 각국에 금융시장 개방을 요구하고, 그 개방된 틈새에 헤지 펀드와 핫머니를 이용하여 돈의 유동성만 가지고 자국의 경제 이익을 취해왔다. 미국 내에서도 부동산 투기 등의 자금운영과 비경제적이며 불로소득적 이익을 취하여 2000년대 초반까지 10여 년간 풍족한 삶을 살아왔다. 그렇게 하다가 2005년대 중반 이후부터는 더 이상의 유동성을 이용한 불로소득을 취할 수 있는 경제는 한계에 도달하였다. 그래서 그동안 유동성으로 유지되던 주택 가격의 하락으로 내부에 잠복되어 있던 금융 유동성의 위험이 겉으로 드러나게 되었다.

이러한 유동성 위기는 워낙 오랫동안 노력 없이 쉽게 돈놀이하며 살아가려는 미국 경제체계 내 금융 산업 분야에서 필연적으로 나타날 수밖에 없는 현상이다. 우리 한국 경제 또한 이와 크게 다르지 않다. 미국식 모델을 가지고 비슷한 방법으로 경제를 운영하였기 때문이다. 우리도 미국과 같이 부동산 경기 활성화와 증권, 펀드 등의 불로소득적 금융 산업 육성에만 신경을 써왔기 때문에 조만간 같은 길을 갈 수밖에 없다.

더욱이 나쁜 것은, 우리는 심각한 외채 국가로 아직도 적자 예산을 편성해 국가를 운영해 가고 있기 때문에 미국보다도 더욱 심각한 위험이 닥칠 수도 있다.

생산성의 활성화를 통한 재화의 유입 없이 금융 산업의 유동성을 계속 유지하려면 계속적인 외부 자금 유입이 필요하다. 그러나 외부 자금 유입이라는 것이 건전한 투자보다는 이익을 목적으로 하는 단기 헤지 펀드이거나 외채를 통한 자금의 국내 유입이기 때문에 결국 밀물처럼 왔다가 자신의 목적을 달성한 후 썰물처럼 빠져나가 국내의 경기 활성화나 점진적 발전에는 전혀 도움이 되지 못한다. 또한 주식시장의 활성화도 유동성 문제에서는 그 자체가 투기적으로 운영되기 때문에 기업의 생산성에는 실제적인 도움이 안 되며, 투기꾼의 이익 창출에만 이용되어 불로소득으로 변화된다. 그래서 외연적으로는 기업의 자금 수급의 장으로 증권이나 주식시장이 활용된다고는 하나, 실제로는 생산성 향상을 위해 설비투자나 자금 구입처로 활용되지 못하고 기업 재산 불리기와 투기꾼의 불로소득의 장으로 변질되었다.

미국의 투자은행 및 파생금융상품인 서브 프라임 모기지론의 위기는 유동성의 과열화로 인한 내적 과열이 구조적으로 취약한 금융권에 외적 팽창을 유도해 일어난 것이다. 이러한 외적 팽창은 마치 팥죽 끓듯이 돌출되어 폭발하는 형태를 취하고 있다. 그러나 죽이 끓는 것은 과열이 전제이기 때문에 현재 유동성을 주도하는 금융시장이 충분한 팽창을 하고 있다는 것을 뜻한다. 또한 이것은 외적 폭발력은 갖고 있어 언제든지 동시 다발적으로 폭발하여 위기가 확산되거나 기존의 경제체계를 붕괴시킬 수 있다.

지금 미국의 유동성 위기는 주택시장의 부실로 시작되어 경제 전방위적으로 확산되어 가기 때문에 이것을 잘못 조치하거나 대처가 부실할 시에는 연속 폭발의 위험성을 가지고 있어 위기를 더욱 크게 만들 수 있다.

생산성을 키워야 한다

돈의 유동성 위기는 과도한 유동성만이 강조되는 금융 산업 체계에서 발생될 수밖에 없다. 단순한 유동성은 비생산적이고 소비성만 강하기 때문에 그 분야의 사람들은 이득을 한꺼번에 많이 얻기 위해, 느리지만 꾸준히 황금을 낳아주는 황금 알을 낳는 거위를 죽이는 것과 마찬가지다.

돈의 생산성이란 거위가 난 황금 알과 같이 제한적이고 오랜 기간 기다려야 하는 인내를 가져야 한다. 그러나 지금의 유동성은 한꺼번에 모든 것을 큰 노력 없이 얻으려고 하기 때문에 결국 모든 것을 잃고 마는 것이다.

현재의 금융 산업과 같이 기존 산업기반의 생산성을 통해 이득을 취하고 발전을 꾀하여야 함에도 불구하고, 유동성만으로 이득을 취하려하고 있다. 그렇기 때문에 유동성 내부에는 외적 재화의 유입 없이 자기들 빵 나눠 먹기 식의 투기판이 되어 생산성 분야에서 추가되는 재화의 혜택을 받을 수가 없다. 이것은 생산성을 배제하고 유동성만을 강조하는 것으로 그레셤의 악화가 양화를 구축하는 것과 동일한 현상이 될 수밖에 없다.

기업의 생산성이 낮아지는 이유는 사회적으로 유동성이 크게 강조되어 생산성을 키울 설비투자가 적어지고, 그에 따른 생산이익이 감소된 것에 있다. 또한 기업의 생산이익 감소로 인해 재투자의 여력이 축소되어 돈의 생산 분야로 투자되는 비율도 적어진다. 이로 인해 자금 비축 여력이 낮은 중소기업이 먼저 타격을 받게 되며 사회 전체에 고용불안이라는 악영향을 미친다. 특히 중소기업은 특성상 자금의 여력도 없고 자금 동원력도 없어 금융기관의 방침 여하에 따라 직접적인 영향을 받을 수밖에 없다. 그래서 위기시 중소기업의 지원은 금융기관을 통하지 않고 국가 차원에서 직접 시행해야 한다.

이와 같이 유동성만이 강조되면 돈을 기업에 직접 투자하기보다는 주식 및 기업 M&A 등과 같이 이익만 취하려는 간접 투자가 성행되어 재화의 생산성이 감소된다. 이 때문에 투자의 악순환만 계속돼 결국에는 사회에 심각한 손상을 일으키고, 유동성의 전면에 있는 금융권이 직접 타격을 받게 된다. 그래서 돈의 중요한 역할인 유동성과 생산성의 연결고리 역할을 제대로 할 수 있도록 조화 있는 정책이 필요하다.

우리는 단순 돈놀이화될 수 있는 유동성 분야의 활성화보다는 더디지만 최종적으로 사회에 생명력을 부여해주고 직접 이익을 내서 경제체계를 원활하게 해주는 생산성을 더욱 소중히 여겨야 한다.

근로에 의한 위기의 해결

유동성 위기는 불로소득 계층의 확산으로 인해 발생된 것으로, 이에 대한 해결은 우선 불로소득 계층을 줄이는 것이다. 그러나 현재 불로소득 계층의 대부분이 기득권층으로 위기의 원인이 쉽게 고쳐질 수 있는 것은 아니다. 그렇기 때문에 지금의 국가 정책과 같이 너무 조급하게 해법을 제시하면서 각종 정책을 쏟아 내면, 결국 우리에게 닥쳐온 유동성 위기는 상황에 대한 내성이 생겨서 추후에 적재적소에 쓸 정책들이 무용지물이 된다. 지금과 같이 한꺼번에 해결할 수 있을 것처럼 모든 정책을 쏟아내면 정작 중요한 때에 쓸 정책이 남아 있지 않을 수 있다. 그러므로 정책적 조급함은 피해야 한다.

불로소득의 대안은 근로소득이다. 지금 유동성 위기의 시작이 미국에서 시작되었고, 그 결과가 전 세계로 파급되어 가고 있는데, 이는 전 세계의 경제운용 방식이 선진화된 미국을 본받아 구성되었기 때문이며, 경제권이 미국의 영향 내에 있기 때문이다. 이러한 이유로 '입술이 망가지면 이가 시리듯' 미국이 어려우면 전 세계가 어려워지므로, 우리는 아직까지도 미국의 경제가 해결되어 가는 상태의 귀추를 보아야 한다. 그리고 그 귀추 여하에 따라 적절하게 대응해야지 급하게 서둘러서 정책을 세우고 시행해서는 안 될 것이다.

근로소득을 안정적으로 유지하려면 일자리의 안정성이 보장 되어야 한다, 또한 일자리가 안정되려면 일거리가 항상 유지되어야 한다. 일자리는 기업이나 개인의 노력 여하에 따라 창출되거나 유지될 수 있다. 그러나 일거리는 개인 또는 기업의 노력으로 쉽게 만들어지는 것이 아니다. 이는 대승적 차원에서 대기업에 집중된 일거리를 중소기업에게 나눠 주는 방식의 기업 간 일거리 나눔이 이뤄지든지 혹은 국가적 차원에서 일거리를 창출하여 각 기업에게 고르게 나눠 주든지 하는 정책적 배려가 필요하다.

이와 같이 국가와 기업이 앞장 서서 생산을 위한 건실한 노동만이 소득의 원천이 되도록 노력하여야 근로소득이 활성화될 것이다. 그래야 불로소득으로 발생된 유동성 위기의 해결이 가능해진다.

생산성 이익의 극대화

생산성 향상을 위해서는 이익의 극대화가 최선이다. 이익의 극대화는 생산과 판매의 조화로 이루어진다. 이러한 이익의 극대화는 실용주의적 개념에서 사업을 선정하고 진행해 나가야 한다. 우선 효율성이 큰 종목으로 선택하고 운영 방식은 단순화하고 합리적이어야 하며, 사업의 진행은 근검하며 과학기술에 바탕을 두고 발전적 개혁이 적용되어야 한다. 또한 사업의 결과는 공공의 이익이 되도록 공리적이어야 한다. 이렇듯 생산성의 향상이 판매와 소비의 과정에서 이익의 극대화라는 역할을 하게 되므로 경제체계에서 다른 어떠한 분야보다 중요하다. 그러나 현대에 와서는 유동성 분야의 활성화가 우선되어 생산 분야가 등한시 되고 있으며, 오히려 유동성이 하나의 독립적 경제 단위가 되어 부가가치 창출이라는 허울 좋은 명목으로 키워졌다.

이와 같이 유동성이 생산성을 떠나 경제 분야에서 주도적 역할을 하는 경우 화폐의 편중성과 투기성에 의해 사회적 소득의 양극화 현상이 심화될 수밖에 없다.

유동성 분야의 고임금은 일부 계층에게 재화의 축적을 가져왔으나, 대부분의 서민 계층은 이에 대한 혜택에서 소외되어 전반적인 내수 소비의 활성화를 일으키지는 못한다. 또한 큰 노력 없이 돈을 가지고 쉽게 돈을 벌 수 있는 유동성 분야와 어렵게 고생해서 돈을 버는 생산성 분야 간의 임금 격차가 사회적 소득 격차를 일으켜, 결국 빈부격차를 심화시키므로 생산성 분야의 활동은 위축될 수밖에 없다.

또한 이것이 건전한 소비를 위축시키고 허황된 낭비를 불러일으키며, 너도 나도 쉽게 돈을 벌 수 있는 유동성 분야로 눈을 돌려 투자와 투기의 아수라판 속에서 배금주의 사고만 팽배해져 생산성은 더욱 위축될 수밖에 없다. 이러한 생산성 부분의 위축은 임금에서도 살펴볼 수 있는데, 생산 부분의 저임금 피고용자와 금융 산업의 고임금 피고용자 사이의 임금 격차가 커서 저소득 임금 피고용자들이 상대적 박탈감을 가져 또 다른 사회 문제가 될 소지를 가지고 있다.

수출로 생산성 위기를 해결

유동성 위기에서 시작된 생산성 위기는 미국을 비롯한 선진국의 소비 위축으로 수출이 감소되고, 보호무역주의의 대두로 인해 결국은 적절한 수출 대상을 찾지 못하면 재고의 누적으로 생산성은 위축될 수밖에 없다. 이와 같이 미국, 유럽의 소비 위축은 우리 수출의 주력인 전자, 자동차, 조선, 철강의 수출에 적지 않은 타격이 될 것이며, 특히 전자의 경우는 컴퓨터 및 휴대폰과 가전제품의 소비 저하와 직결되어 우리 주력 산업인 반도체 수출이 급격히 감소될 수 있다. 또한 선진국 유동성 위기는 고가품인 자동차 등의 신규구매를 감소시켜 자동차 수출에도 큰 타격을 입힐 수 있다.

이렇듯 선진국의 유동성 위기는 우리의 주력 기업에게 과잉생산의 부담을 주어 인위적인 구조조정을 통한 고용 축소가 일어날 수밖에 없다. 이러한 고용 축소는 또다시 실업 증가와 소득 감소로 이어져 사회 전체에 심각한 경제 불황의 그림자가 드리워질 수밖에 없다.

이렇게 발생된 경제적 어려움을 타개하기 위해서는 유동성 위기로 오는 소비 위축에 대비하여 수출의 다변화를 꾀해야 한다. 그래서 이제까지 해왔던 수출과는 다른 수출상품의 개발이 필요하며, 선진국에서 사양산업화하는 우주항공 메카트로닉스 분야의 적극적인 진출이 필요하다. 또한 우리의 먹거리를 중국에 너무 의존하여 먹거리 산업이 사양화되고 있으므로, 보다 새롭고 과학적인 시설에 의한 미래형 식품산업 개발이 필요하다.

이러한 수출 산업 개발 외에도 우리나라는 3면이 바다이기 때문에 심해 자원 개발과 그와 관련된 해양 산업 개발 및 해저 개발과 건설에도 비중을 두어 연구하고 개발을 촉진할 필요가 있다.

고용촉진을 통한 위기 해결

유동성 위기의 해결법으로 고용촉진이 우선적으로 선택되어야 한다. 이것은 필요조건이나 필요충분조건은 아니다. 왜냐하면 유동성 위기의 원인이 과열된 불로소득에 있기 때문이다. 고용은 소비할 수 있는 재화를 취득할 기회를 주고, 또 상대적으로 생산에 기여하기 때문에 생산과 소비의 두 축을 포괄적으로 만족시킬 수 있는 방법이다. 그러나 유동성에는 크게 영향을 주지 못한다. 특히 유동성 위기에서 온 고용불안은 그 원인이 생산과 소비에 대한 수동적 반응이기 때문에 더욱 그렇다. 다시 말하면 유동성의 잘못으로 생산과 소비가 위축되어 고용이 감소된 것이기에 수동적으로 고용을 해결했다고 해서 유동성 위기가 해결되는 것이 아니다. 그러나 지금 유동성 위기의 진앙지인 미국도 위기의 원인에 대한 파악을 정확하게 하지 못하고 있다. 그래서 고용만 촉진하고, 공적자금만 투입하면 해결될 것으로 보았기 때문에 그 해결이 어려우며, 결국에는 만성적 위기 상태로 갈 수밖에 없을 것이다.

유동성 위기의 원인은 불로소득을 전제로 한 재테크가 사회적으로 팽배하여 열심히 일을 해서 부를 축적하려 하지 않기 때문이다. '일하지 않는 자 먹지도 마라' 라는 교훈을 망각하고 돈놀이에 치중하여 생긴 위기임에도 불구하고, 그에 따른 적절한 처방을 하지 못하고 있다.

고용의 주체는 기업이다. 중소기업이든 대기업이든 기업을 통해 대다수의 사람들이 고용되고 일자리를 얻는다. 기업이 죽으면 고용도 같이 죽는 것이 이러한 이유이다. 그러나 유동성 위기가 닥치자 금융기관과 국가는 부실기업 추출이라는 명분 아래 기업 구조조정을 하고 있다. 이것은 어떻게 보면 '방귀 뀐 놈이 성낸다' 는 것과 같다. 유동성 위기가 금융기관의 부실 대출에서 왔는데 오히려 잘못을 한 금융기관이 기업을 구조조정 하다니….

이렇게 해서 기업은 구조조정을 당하였고 다수의 실업자를 양산하였다. 그러나 그 실업자는 누가 떠맡아 사회적 고용을 안정시켜 줄 것인가. 국가가 나서서 고용을 촉진한다고 하여도 국가가 주도한 고용은 저임고용이다. 이러한 저임고용은 기득권을 가진 불로소득 고임 고용자와의 임금 격차가 커 오히려 고용에 대한 불만 요인이 될 것이다. 더욱이 이러한 저임고용조차도 지속적이고 장기적이지 못하기 때문에 생산과 소비의 발전적 안정에 기여하지 못한다. 그래서 고용을 통한 유동성 위기 해법은 기대만큼의 큰 효과를 얻지 못할 것이다.

실용주의를 통한 위기 해결

한국 사회가 실용주의를 통해 발전하려고 한다면 우리에게 적절한 실용주의 이념을 바로 세우고, 그 이념에 대한 범국민적인 교육과 설득을 통한 이해를 키워 국민의 호응에 의해 진행되어야 한다.

앞으로 우리가 지향해야 할 한국적 실용주의 이념은 현재 한국이 처한 상태에서 보았을 때 첫째는 효율성이다. 이러한 효율성을 보장하려면 합리성이 우선 되어야 하고, 이러한 합리성은 법과 원칙에서 나오게 된다. 실용주의가 사회 보편적인 철학이 되려면 사회가 요구하는 화합과 상생의 기본원칙이 정해지고, 그 원칙에 따라 법이 뒷받침되는 사회가 만들어져야 한다. 그리고 합리적 사고와 조직 운영체계가 갖춰져야지만 사회 각 분야의 효율성이 이루어질 수 있다.

둘째는 공리성이다. 우리가 공리성을 이루려면 사회 각 분야의 구성원의 상호 양보를 통한 협력체계가 이루어져야 하고, 이를 위해서는 상호 설득이 전제되어야 한다. 즉, 사회 구성원간의 협의를 통해 설득을 하고 양보하게 하여 그 결과가 공공의 이익이 되어야 하며, 공익 실현을 목표로 하여 모든 것이 진행되어야만 비로소 실용주의적이라고 하겠다.

셋째는 단순성이다. 단순성은 불필요한 요소가 적다는 것이다. 이러한 불필요한 요소를 줄이려면 필요불가결한 부분을 제외하고 사회 기구의 적절한 축소가 필요하다. 사회 조직체가 형식주의와 편협된 이념에 치우쳐서 위인설관(爲人設官)하여 사회구조를 복잡하게 만들면 사회 통제도 어렵기 때문에 불필요한 사회적 비용이 증가된다. 축소지향적 기구 조정을 통해 사회적 부담을 줄일 수 있으며, 이는 역으로 사회 구성원의 이득으로 전환될 수 있다. 다만 기구 축소의 시작은 사회적인 요구가 전제되어야 하며, 그 요구는 선진화의 목적에서 시작해야 한다.

넷째는 개혁성이다. 그러나 개혁은 보수를 아우르고 동참케 하여 혁신으로 유도해야 한다. 보수는 기득권층을 이루고 있어 단순한 보수적 이념만으로 그들이 자신의 기득권을 유지하고 확장하려하기 때문에 사회적 갈등의 원인이 되어 실용주의가 이루어지기 어렵다. 그래서 고질적 보수주의는 실용주의가 되지 못한다. 이러한 보수주의의 문제점 때문에 점진적인 개혁이 필요하다. 개혁의 시작은 나부터 솔선수범하여 내 주변과 더 나아가 한국 사회 전반으로 확장시켜 나아가야만 비로소 실용주의가 자리 잡을 수 있다.

다섯째는 과학기술화이다. 현대와 미래의 인간 삶의 근간은 과학기술을 통해 발전되고 삶의 질이 향상되기 때문에 포퓰리즘으로 가는 경제논리나 문화사회적인 욕구에만 충실하다 보면 과학기술은 소외될 수밖에 없다. 그리고 이러한 과학기술의 소외가 우리 사회를 후진화시켜 미래 선진화 사회에 대응할 수 없게 한다. 우리는 보다 많은 과학기술의 육성화를 통해 미래 지향적인 사회의 실용주의를 이룰 수 있다.

여섯째는 근검성이다. 근검성은 산업화 사회의 가장 큰 덕목이다. 그러나 선진화 사회에서도 사회를 구성하고 있는 개개인에게 요구되는 중요한 실용주의의 이념이다. 더욱이 우리의 현실과 같이 위기의 시대를 헤쳐 나아가려면 방만한 삶의 향유보다는 근면 검소를 통해 해결의 방법을 찾아야 한다.

이상에서와 같이 실용주의 이념을 통해 유동성 위기를 해결하려면 정부와 금융기관이 효율성을 높여 보다 합리적인 구조조정과 개혁이 선행되어야 한다. 그리고 공리성에 입각해 공공의 이익이 될 수 있도록 감세 정책을 세워 은행의 대출 부담을 감세로 해결해 주어야 한다. 또한 세계적인 추세인 금리를 낮추기보다 오히려 정반대로 금리를 인상시켜 저축을 증대하여야 하며, 추후로 계속될 유동성 위기의 최종 카드로 남겨놓아야 한다. 또한 복잡화한 파생금융상품 및 펀드 등의 투기성 자금의 흐름을 단순화시키고 통제해야 한다. 덧붙여서 국민 의식에는 근검성을 고취하여 과거 우리의 덕목이었던 자수성가와 같이 성실한 노력과 저축을 통해 부를 취득할 수 있는 길을 열어줘야 하며, 그것을 통해 명예로움을 갖도록 해야 한다.

불필요한 소비의 절제

경제체계의 한 축은 소비이다. 우리가 생산하는 모든 것은 말 그대로 소비하기 위해서 생산되는 것이다. 소비가 활성화되면 그와 더불어 생산이 활성화된다.

생산 활성화는 고용을 촉진하고 그 고용을 통해 유동성이 활성화되어 결국에는 소비가 크게 증가된다. 그리고 이러한 것이 서로를 도와서 전체 경제가 원활해진다. 그런데 왜 이렇게 중요한 소비를 절제하여야 하는가.

　그것은 우리에게 앞으로 다가올 위기가 자원 고갈 위기이기 때문이다. 이 자원 고갈 위기 중 가장 중요한 것은 화석연료인 석유이며, 이 석유가 고갈되는 시점이 2050년경으로 예상되기 때문이다. 지금의 유동성 위기를 해결하기 위해 각 국가가 인플레이션을 감수하고 돈을 찍어내 돈을 대량 공급하여 통화량을 증가시키면, 그것 때문에 억지 소비가 진작되어 결국은 자원 고갈의 시간을 앞당기게 되기 때문에, 유동성 위기를 해결하고도 얼마 후 자원 고갈 위기를 맞을 수 있다.

　소비성 분야는 생산을 위한 소비와 소비를 위한 소비로 분류할 수 있다. 생산을 위한 소비는 의식주 부분과 같이 소비를 통해 생산을 유발하는 것으로, 이러한 부분은 소비를 통해 생산 분야의 고용을 촉진하고 그것을 통해 새로운 소비 창출을 하는 순수한 기능을 갖고 있는 분야를 말한다.

　그러나 소비를 위한 소비는 문화, 예술, 스포츠, 방송, 연예 분야와 같이 사회의 조미료 역할을 하는 분야를 말한다. 이러한 분야는 삶의 질이나 생활의 활력소를 위해 필요한 분야이다. 다만 이것이 너무 과하면 사회의 독이 되는 분야이다. 이 분야는 그 소비 목적이 단순소비를 위해 모든 행위가 이루어지기 때문에 그것을 주도하는 몇몇 사람의 부의 축적 외에는 사회적으로 별 도움이 되지 못한다.

　그리고 사회의 고용이나 뚜렷한 생산을 유발하지 못하고 다만, 여흥이나 오락으로 건전한 노동력을 불필요한 소모로 몰고가 때에 따라서는 시간 죽이기로 활용되어 사회에 악영향을 주고 있다. 더욱이 그것을 주도하는 스포츠 스타와 연예인, 방송인 등에 의해 모든 것이 집중되기 때문에 또 다른 사회 차별과 유동성의 정체 현상을 유발하는 역할을 하고 있다. 그래서 이러한 분야의 소비는 절제되어야 한다.

고용 확대

생산성도 키우고 고용을 확대하려면 다음과 같은 사항이 우선 선행되어야 한다.

첫 번째, 대기업, 공공기관, 공무원, 금융기관의 급료를 낮춘다(임금 삭감).

두 번째, 각각의 기업이나 공공기관의 고용 인원수를 증가시킨다(고용 증대).

세 번째, 금융대출에 대한 이자율을 낮추어 가계 부담을 줄인다(대출 금리 하향 조정).

네 번째, 조세를 낮은 비율로 전환시킨다(특히 부가가치세를 3%로).

다섯 번째, 노동집약적 산업을 육성하고 노동인력을 흡수한다(고용 증대).

여섯 번째, 주택 가격을 절하시키고 소유주택보다 공공임대주택을 늘린다(주택공급 확대).

일곱 번째, 소비형 서비스 산업의 인력 비율을 조정한다(고용 조정).

여덟 번째, 외국인 근로자의 비율을 줄인다(불법취업 규제).

아홉 번째, 사회간접자본 사업을 키운다(한반도 대운하, 한일 해저 터널, 새만금 사업 등…).

열 번째, 사회 고용기업을 늘리고 세제 혜택을 준다(사회 고용 증대).

열한 번째, 가계 대출을 억제한다(가계대출 억제).

열두 번째. 기업 대출을 늘리고 우량 중소기업 국가 보증제를 채택한다(기업대출 증대).

열세 번째, 청년 노동력을 사회간접자본에 강제 투입한다(청년실업 감소).

열네 번째, 노령 고용을 위한 의무비율을 설정하여 직업 안정을 준다(노령화 고용).

열다섯 번째, 수출산업 비중을 줄이고 내수를 키운다(내수 증진).

열여섯 번째, 에너지 산업 분야를 활성화하고 고용을 확대한다(에너지 산업 확대).

열일곱 번째, 첨단산업 및 식품산업을 활성화하고 고용을 확대한다(첨단 산업 활성화).

열여덟 번째, 해외 인력 송출을 위한 국가적 차원에서 교육을 실시한다(인력 해외 송출).

열아홉 번째, 3D 업종의 인력 공급에 대한 연구 및 혜택을 실시한다(3D 업종 인력 공급).

유동성 위기의 1차 해결법은 고용이다. 고용을 통해서 수많은 사람에게 근로소득을 얻게 하고, 그 근로소득을 통해 생활을 영위할 수 있는 소비를 하게 한다. 그리고 소비를 충족시킬 생산을 자극하여 유동성 위기에서 발생된 소비 위축과 생산 감소를 해결해 나가야 한다. 그러나 고용은 어느 한 쪽의 주관적인 문제가 아니고 고용인과 피고용자의 상호간

의사 교류와 타협에서 이루어지며, 이것은 노동과 임금이라는 예민한 문제가 내재되어 있기 때문에 결코 쉽게 결정되는 것은 아니다. 또한 고용의 질과 보수의 영역에서는 사회 고용 전체에 지불될 수 있는 보수는 피자 한 덩어리와 같이 정해져 있다. 어느 누가 큰 몫을 가지면, 그 나머지 사람들은 자연적으로 적게 나눌 수밖에 없으며, 이때에는 고용시장의 인원이 늘수록 나눔의 몫이 적어지기 때문에 이 또한 위기를 해결할 소비 진작에 큰 도움이 되지 못한다. 그래서 고용시장의 분류는 가능한 한 큰 몫을 차지하는 고용을 최소화하고, 다수의 인원이 적지만 균형을 이루는 소득이 되도록 국가가 조절의 역할을 해야 한다. 위기가 다가올수록 국민은 국가를 의존하고 바라본다. 이때의 국가는 국민 전체에게 희생을 요구하여야 하며, 미래의 비전을 보여주어야 한다. 그래서 위기의 중심에서 굳건하게 국민에게 신뢰를 주고 이끌어가야 위기의 해결이 가능하다. 결코 권력자 자신과 패거리들에게만 이익이 되는 그러한 정책으로는 위기를 해결할 수 없으며, 종당에는 사회의 분열을 가져와 더욱더 심각한 위기로 빠질 수 있다. 위기의 시기에 국가가 계층 간 차이를 줄이고 서민 위주로 정책을 펴서 함께 상생하는 방향으로 나갈 때 비로소 위기는 자연스럽게 해결될 것이다. 그렇지 못하고 곪는 상처에 알코올로 겉에 흐르는 고름만 닦아내듯 치료한다면, 그 내부에 곪는 상처는 더욱 크게 덧나기 때문에 가면 갈수록 치료가 어려워진다. 그렇기 때문에 올바른 치료는 곪는 부분을 짜내거나 오려낸 후 생살 부분에 적절한 약을 발라 치료해야 종기 부분은 없어지고 시간이 지난 후 상처가 아물어 들 것이다. 우리에게 오는 사회적 위기도 이와 같아서 결코 미봉책으로 순간순간을 모면하기 위한 처방이나 치료로는 위기가 해결될 수 없다. 병의 치료와 같이 원인에 대한 정확한 진찰과 적절한 조치 및 나으려는 각자의 의지와 서로 감싸주고 상생하려는 마음에서만이 우리에게 닥쳐온 유동성 위기가 해결될 것이다. 고용확대는 기존 근로자의 희생이 필요하다. 특히 고액연봉자의 연봉 삭감이나 퇴직을 통해서 저임금의 다수 고용이 촉진되어야 하며, 고액연봉자는 재취업을 통해 임금이 조정되어야 한다.

유동성 위기에서 고용의 역할

위기의 해결법은 무조건 고용이다. 고용을 통해서 소비를 진작하고 소비가 살아남아야 생산이 뒤따른다. 소비와 생산이 원활해지면 그 사이를 연결하는 유동성도 원활해진다. 그러나 이때의 유동성은 독자적인 것이 아니고 생산과 소비를 연결해주는 연결고리로서의 역할을 하는 것이다. 이러한 3가지 체계가 서로 조화를 이루어야 우리에게 닥쳐온 유동성 위기를 해결할 수 있다.

여기에서 고용은 최대 다수가 임금의 많고 적음에도 불구하고 직업을 갖고 지속적으로 근로 활동을 해야 한다. 사회간접자본 육성이나 임시직, 비정규직에 의해 임시적으로 고용되는 것은 지속적 경제활동에 큰 도움을 주지 못한다. 그런 경우에는 실제적인 고용의 효과가 반감하며, 결국 시간이 지나가면 또 다시 새로운 고용 불균형을 야기시킬 수 있다.

그래서 고용을 늘리고, 직업적 지속성을 주고, 규칙적으로 일정 소득을 보장한다면 소비와 생산의 체계를 안정화시킬 수 있다.

유동성 위기의 해결방안으로 고용확대가 절실히 요구된다. 그러나 고용의 특성상 고용 자체가 임의로 만들어지거나 창출될 수 있는 것이 아니다. 또한 일시적으로 고용이 해결되었다고 해서 고용이 충분히 확보되었다고 볼 수 없다. 고용의 특성상 지속적이며 규칙성이 유지되어야 비로소 고용의 가치가 인정되기 때문에 무조건적인 일자리 창출이 고용에 대한 국가적 부담을 줄여줄 수 있는 것은 아니다. 그래서 위기의 시기에는 고용에 관한 특별법을 제정하여 무조건적인 고용의 확보와 안정성을 줄 수 있는 국가적 대책이 필요하다. 고용 특별법은 개인, 기업, 국가의 상호 협의에 의한 상호간의 양보와 인내가 필요하다.

첫째, 개인은 근로를 원칙으로 고통 분담의 차원에서 접근해야 한다.

둘째, 기업은 고용확대를 위한 일자리 창출에 노력해야 한다.

셋째, 국가는 국가 차원에서 일거리를 늘려 고용을 확보하고 지원할 정책을 세워야 한다.

이러한 전제조건 하에 고용특별법이 입안되고 제정되어 시행되어야 하며, 이는 국회 입법보다는 대통령령으로 시행되어야 한다.

3S(영화, 스포츠, 성) 분야의 절제

유동성의 파생적인 분야로는 소위 3S인 Screen, Sports, Sex 분야이다. 이는 전형적인 유동성의 소비형 분야이다. 영화 산업(Screen)은 오락 산업의 게임 분야와 함께 대표적인 소비산업으로 생산성보다는 시간의 소비와 유흥에 치중되어 돈의 유동성에 기여하는 것이다. 또한 체육(Sports) 분야는 국민 체육이나 개개인의 건강을 위한 체육보다는 경기 체육인 축구, 야구, 농구 등의 프로

화한 운동을 지칭하는 것으로, 이 또한 방식은 달라도 영화 산업과 유사한 유동성을 갖고 있다. 다음으로 성(Sex) 산업의 경우 남성의 욕망을 처리하는 목적에서 생겨난 산업으로, 이 또한 생산성보다는 유흥의 목적으로 이루어지는 유동성에 치중되어 있는 분야이다.

이러한 3S 분야는 크든 작든 유동성 위기에 기여해 왔으며, 위기 상태에 있는 사회에서는 이 분야의 발전을 규제하여야 유동성 과열을 막을 수 있다. 영화, 게임의 남발과 스포츠 분야의 과도한 연봉 및 매춘, 성 산업으로의 자금 흐름이 건전한 생산성을 위축시키고 유동성을 크게 키워, 결국 위기를 증폭시킨 것이다.

유동성 위기는 사회의 소비성 분야가 과도하게 발달하여 정상적인 생산성 분야를 위축시켰기 때문에 발생된 것이므로, 근검절약의 사회적 풍토가 유동성 과열을 식힐 수 있는 유일한 방법이다. 그리고 이것을 통해야만 전 세계적으로 확산되는 유동성 위기를 해결할 수 있다. 또한 유동성 위기는 불로소득의 일반화와 자제할 줄 모르는 과소비, 방만, 나태로 인해 발생된 것으로, 국가와 사회가 강제력을 갖고 적절한 소비문화 창달과 근검 등으로 헤쳐나가야 한다.

고용창출에 대한 딜레마

고용은 안정성과 지속성이 필요하다. 임시방편적인 고용은 고용이 될 수 없다. 그러나 우리 사회에서 고용을 확보하고 유지할 수 있는 것은 기업이다. 기업은 고용의 주축이요, 그 주역이다. 이러한 기업이 고용을 할 수 있는 것은 기업 나름대로의 역량에 따라 정해지고 있다.

예를 들면 A 기업이 고용할 수 있는 인원이 10명이라면, 이 기업은 고용자의 월급과 운영비, 관리비 등의 여러 가지 지출 항목을 기업 이윤에 맞추어 정해 놓는다. 그래서 어떤 별도의 이익을 창출할 수 있는 기업의 역량 증가나 국가로부터 별도의 혜택을 받지 않는다면, 기존에 결정되어 있는 급료 분을 나눌 때 10명 + 증가 인원 분으로 나누어야 한다. 다시 말하면 5명을 증원하면 정해진 총 급여를 15명 분으로 나누어서 지급되어야 하므로, 10명 때보다는 훨씬 낮은 액수의 급료를 받을 수밖에 없다. 그러나 어느 기존의 고용 노동자가 자신의 급료를 깎아서 새로 증원된 피고용자와 나눌 것인가. 바로 이것이 고용의 딜레마이다.

정해진 크기의 파이를 10명이 나눌 때와 15명이 나눌 때는 당연히 각각에 돌아가는 파이의 크기는 작아질 수밖에 없다. 그렇게 되지 않으려면 국가가 고용을 주도하여 일거리를 만들고 고용창출을 하여야 한다. 그러나 이러한 고용창출은 국가 예산의 증액이 필요하고, 이것은 국민의 세금 증액이 전제되어야 하기 때문에 실업의 구제를 위해 국민 부담이 커질 수밖에 없다. 이 또한 소득의 측면에서 볼 때 나누어지는 파이의 크기는 같을지언정, 결국 나눈 파이에서 세금을 통해 국가 몫을 다시 크게 떼어내야 하기 때문에 더욱 적은 조각으로 만족할 수밖에 없는 것이다.

지금의 유동성 위기에서도 그 해결법은 고용에서 찾아야 하며, 그러려면 기존 고용자의 소득을 나누어서 더 많은 고용을 창출해야 한다. 이것이 고용창출의 딜레마이다.

저임고용은 기존 고용자가 개개인의 소득에 대한 욕망을 억제하고 지금까지 살아왔던 방식을 상당수 포기해야 한다. 그리고 자신이 이제까지

향유해 왔던 혜택을 상당수 내놓아야 한다는 점에서 어려움이 있다. 이 것은 어쩌면 쉽게 이루어지기 힘든 사회적 합의가 될 수 있다. 저임고용 의 또 다른 문제점은 인간의 기본 욕망 중의 하나가 발전지향적 욕망인 데, 저임고용은 지속적 발전지향성보다는 퇴보하는 형태의 고용이기 때 문에 피고용자 모두에게 심리적 좌절감을 줄 수 있다는 점이다.

2. 유동성 위기의 대처법

화폐의 유동성 편중을 줄여라

경제위기의 최고의 단계는 공황이다. 공황은 경기 침체의 극단적인 상황으로 유동성 위기와 실물경기의 침체가 동시에 일어나는 현상이다. 이는 과열된 유동성에 화폐의 편중으로 투자처가 없어지거나, 유동성에 대한 사회적 신뢰가 상실되거나, 산업 분야의 과잉생산에 의한 생산량을 소비에 의해 다 처리하지 못하거나 하여 화폐의 소통이 원만하지 않는 경우에 생긴다. 다시 말하면 유동성이든 생산성이든 어느 한쪽으로 화폐가 일방적인 편중현상이 일어나면 불경기나 경기 침체가 야기되고, 그 연장선상에서 공황이 발생한다.

화폐와 물가간의 부조화가 인플레이션을 일으키듯 화폐의 편중은 과잉 유동성이나 과잉생산성으로 사회의 균형을 깨고 경기를 불안정하게 만든다. 이러한 편중성을 고치는 것은 금융 산업 분야의 개혁만으로도 가능하나, 자본주의 사회의 특성상 기업의 이윤 추구라는 목적 때문에 실제적으로는 불가능하다. 그러므로 편중성에 대한 조절 및 통제 기능은 시장의 손에 맡기는 것보다는 국가에서 적정수준으로 규제하여 유동성 및 생산성의 과잉화를 방지해야 한다.

지금과 같은 유동성 위기 때에는 설비 및 사회간접자본으로의 투자를 통해서 생산성을 키워 내수 소비를 진작하여야 한다. 그래서 위기는 유동성 과열을 흡수하든지 유동성 과열의 원인을 정확히 파악하여 냉각을 시키든지 하여 해결할 수밖에 없다.

이미 유동성 위기가 진행되는 경우는 국가의 개입이 절대적으로 필요하다. 그 방법은 단순히 금융기관의 구제금융 및 공적자금의 투입으로만 그치는 것이 아니라, 국가가 적극적으로 개입하여 위기관리를 하여야 한다. 그렇지 않고는 구제금융 자체가 미봉책이 되어 더욱 나쁜 결과를 가져올 수 있으므로 주의가 필요하다. 또한 유동성 과열의 원인인 금융 산업의 뼈를 깎는 구조조정도 병행이 되어야 한다.

금융 산업의 변동성을 줄여라

유동성 위기의 가장 큰 문제는 안정되어 있던 금융 산업에 나타날 변동성이다. 이러한 변동성은 유동성이 안정적일 때는 별로 크지 않게 작용되어 경제에 심각한 영향을 주지 않으나, 변동성이 크게 될 때는 금융 산업 위기로 증폭될 수 있다. 그렇기 때문에 유동성 과열시 변동성이 크게 되지 않도록 금융 산업에 역으로 규제를 가하여 변동성으로부터의 영향을 줄여야 한다.

유동성 위기가 예측되는 경우에는 금융 시장에 규제를 가하여 과열이 되지 않도록 하고, 위기 이후에는 유동성의 변동성에 대한 관리가 필요하다.

유동성이 과열되는 것을 살펴보면, 금융 산업 분야의 종사자 연봉이 생산성 종사자의 연봉을 초과하는 때부터이다. 이런 과열 현상은 금융 서비스 분야와 증권, 부동산 분야의 불로소득에 대한 사회적 부담이 커지기 때문에 일어나는 것이다.

금융 산업이 위기에 처해 있으면서 유동성도 과열되어 있는 경우, 유동성에 대한 규제를 풀어버리면 오히려 다시 더 심하게 과열되어 더 큰 유동성 위기로 치닫게 된다. 지금과 같이 전 세계적으로 유동성 위기가 팽배해져 있을 때는 각 국가는 규제의 강도를 크게 하여 변동성을 줄여야 하며, 이것이 적절한 정책이라 하겠다.

미국과 같이 적자 재정을 운영하는 나라가 부실 금융기관에 공적자금을 투입하여 유동성 위기를 해결하려는 것은 오히려 유동성 위기만 더욱 심각한 상태로 몰고 갈 공산이 크다. 그래서 일시적 미봉책인 공적자금 투입보다 강도 높은 규제책으로 금융기관의 총임금 삭감과 고용인원 축소 등이 병행되지 않으면 위기의 시기만 지연될 뿐 결국에는 더 큰 위기로 가고 말 것이다.

적절한 규제를 통해 유동성의 위험을 줄이자

유동성의 내적 압력을 증가시키는 요인은 통화 압력과 유동성 관련 금융 및 증권, 부동산에 속한 사람들의 임금이다. 이 임금이 보통의 상식을 넘어 천정부지로 증가하는 경우 유동성에 내적 압력을 주어 불로소득적 고임금으로 인한 유동성의 원활한 흐름이 막힌다. 이 때문에 금융 리스크에 대한 내적 압력이 더욱 증가한다. 그래서 유동성 위기에 대한 1차 조정은 해당분야의 구조조정을 통해 총 임금을 줄여야 한다. 2차 조정은 임금 삭감이 필요하며, 다른 산업 분야와 비교해 적절한 수준으로 낮춰야 한다. 3차 조정은 유동성과 생산성의 연결고리인 기업의 대출을 통한 설비투자를 확장하게 하여 생산성을 높일 수 있는 정책을 조속히 수립, 집행해야 한다. 4차 조치는 설비투자로 인해 향상된 생산성의 이익은 생산에 재투자가 되어야 하며, 이익 나눠먹기가 되지 않도록 노사간의 협의에 의해 생산성을 유도해야 한다. 5차 조치는 생산성 향상의 이익의 일부를 해당 분야의 근로자들에게 적정분배가 되도록 조치해야 하고, 일부는 유동성의 활성화에 도움이 되도록 해야 한다. 그래서 유동성 분야의 임금과 생산성 분야의 임금 격차를 최소한으로 줄여야 한다.

지금의 유동성 위기는 자기중심의 금융 산업이 극도의 이익 창출을 위해 각종 금융 테크닉 개발로 자충수를 둔 것에 있으므로, 이에 대한 적절한 규제책을 만드는 것이 필요하다. 또한 유동성과 생산성을 서로 엮는 돈의 흐름이 원활해질 수 있도록 국가의 개입이 절대적으로 필요하다. 유동성 위기는 유동성의 내적 압력이 한계에 도달해 생기는 것이므로 일시적인 공적자금을 투여해 잠시 냉각을 시켰다고 해결되는 것이 아니다. 오히려 이것은 더 나쁜 도덕적 해이를 가져와 '호미로 막을 것을 가래로도 못 막는' 경우가 생기기 때문에 더 철저한 관리가 필요하다.

공공기관은 솔선수범해라

과거 IMF시기에 국가기관, 공공기업, 정치권은 민간에 비해 상대적으로 위기의식이 미흡했고, 고통분담도 별로 하지 않았던 경향이 있었다. 오히려 이들은 위기 후반에 적절한 구조조정보다 부동산 및 증권, 펀드 등의 투기에 몰입하여 도덕적 해이가 심각한 상황이었다.

국민의 혈세로 조성된 공적자금을 이용하여 그들의 부를 축적하였으며, 구조조정 등의 노력을 다하지 않는 등의 나쁜 선례를 남겼다.

앞으로 계속될 유동성 위기에는 외환위기 때와 같이 또 다시 정부가 대기업이나 금융기관의 보증보험사가 되어서는 안 된다. 국가가 도와줄 것을 믿고 위기에 소홀히 대처해 대기업과 금융기관이 또 다시 부실화되거나 도덕적 해이에 의해 방만한 경영을 하게 해서는 안 된다. 또한 공기업의 경우도 이들과 대동소이하다. 과거와 같이 정부의 보험사 역할이 계속되면 공기업도 도덕적 해이를 가져오게 되어 국가적 위기해결을 더욱 어렵게 만들 수 있다.

우리 사회에서 공기업은 물가를 결정짓는 중요한 역할을 하기 때문에 특히 위기 대처시 국민적 부담이 되지 않도록 모든 면에서 솔선수범이 되어야 한다. 공기업의 임금 조정은 물가에 그 즉시 영향을 끼치고, 물가는 위기를 헤쳐 나가는 서민 생활에 직접적인 영향을 준다. 그래서 앞으로 닥쳐올 보다 강도 높은 위기에 대처하려면 공기업의 하향 임금 조정은 필요불가결한 사항이다.

'나는 손해없이 고통은 남이'라는 이기적인 생각으로 위기를 접하면 과연 누가 고통을 감수할 것인가.

공자님 말씀에 "내가 하기 싫은 일을 남에게 시키지 마라"라고 하셨듯이 공공기관도 서로의 상생을 위해서는 양보의 마음에서 위기를 대처해야 한다.

통용화폐의 평가를 절하하라

유동성 위기의 원인은 사회에 팽배해진 악화와 같은 불로소득지향 의식이 주요인이다. 화폐로서의 악화는 금화 둘레에 톱니를 만들어 해결할 수 있지만, 불로소득을 목적으로 발생한 악화는 제거하기가 힘들다.

음성적으로 떠도는 수백 조에 달하는 돈, 정치자금, 사채 등등 우리가 통계로 잡을 수 없는 다량의 뭉칫돈들이 불로소득을 목적으로 지금도 우리 주변을 떠돌아다니며 언제라도 사회를 해칠 수 있는 암적 존재로 자리하고 있다.

이 때문에 이러한 음성적인 자금을 명확히 규명하고 제도권 내로 끌어들이지 않는 한 어떠한 유동성 위기 해결법도 그 효과를 볼 수가 없을 것이다. 양화를 통화시키려면 악화를 우선 제거해야 한다. 왜냐하면 악화와 양화가 동시에 통용되면 결국 악화가 양화를 구축하여 모든 양화가 악화가 되기 때문이다.

이러한 문제점 때문에 악화나 양화는 동시에 통용되어서는 안 되며, 반드시 악화를 제거한 후 양화에 의해 경제적 유동성을 주어야만 비로소 위기를 해결할 수 있다. 그러면 어떻게 악화를 퇴출시킬 것인가. 이것을 위해서는 우선 통화 전체의 투명성을 확보하여야 한다. 투명성 확보는 음성적인 돈과 정상적인 통화에 대한 명백한 통계가 이루어져 통제가 가능한 범위로 재정립되어야 한다.

이러한 해결방법으로는 10 : 1 화폐 치환이 하나의 방법이 될 것이다. 모든 구권화폐를 단기간 내에 강제 교환시키면 결국 음성적으로 숨겨졌던 돈이 제도권 밖으로 돌출되어 나오고, 그 과정에서 악화를 제거하는 것이 최선책이다.

이렇게 함으로써 부동산 투기와 증권 투기, 펀드 등의 조작의 첨병 역할을 하여 유동성 위기를 불러왔던 음성적 자금을 최소화시켜 위기의 일차적 해결을 꾀할 수 있다. 또한 유동성 위기의 다른 원인인 신용경색에 대해서 통화의 건전성과 신뢰성을 확보하면 점진적으로 해결이 가능하다고 본다. 그리고 나서 유동성 부분을 통제할 수 있는 제도적 장치를 확보하면 추후에 이러한 위기의 원인인 불로소득 발생을 미연에 방지할 수 있다. 그렇게 되면 누구든 노력 없이 쉽게 돈을 벌려고 하는 마음가짐을 갖지 않게 될 것이다.

유동성 분야의 실물적 가치를 낮추어라

유동성 위기의 또 다른 해결법은

우리 화폐의 역사에서 찾을 수 있다. 초기의 금본위 화폐에서 금화의 폐해가 나타난 후에 신용화폐인 지폐로 전환되었다. 이것은 지폐의 가치를 국가가 보증하여 금화 대신 통용하게 한 것으로, 여기에는 중요한 내용이 내포되어 있다.

지폐의 실물적 가치로는 종이값과 인쇄비 등의 기타 극소 비용이 들 뿐이나, 실제 사용상에서는 고액권의 경우 엄청난 가치를 지게 된다. 그래서 부동산, 증권, 펀드 자체에 실물 가치를 키우게 되면 악화의 경우와 같이 돈에 거품을 일으켜 그 혜택으로 불로소득을 취하려하기 때문에, 지폐의 경우와 같이 실물 가치를 최소화시켜 그것을 통한 불로소득을 취하지 못하도록 하는 것이 하나의 방법이다.

부동산 가격이 상승하는 것도 따지고 보면 금화의 둘레를 깎아 또 다른 금화를 만드는 것과 같다. 다시 말하면 부동산의 부가가치 상승이란 것은 허울좋은 가격 상승이지 실제로는 금화 깎아 먹기와 별반 다를 바가 없다. 일반적으로 건물의 경우, 오래되면 감가상각에 의해 실물 가치가 떨어지는 판에 오히려 가격이 상승하는 것은 투기적 소요에 의해 사회적 악화를 만들었기 때문이다.

증권의 경우도 마찬가지로 발행되는 주식의 액면가는 5,000원인데, 이것이 가격 상승되어 수십만 원을 호가하는 것은 일종의 거품이다. 실제로 주가가 상승될 요인은 그 회사의 실적이 좋아 배당이익이 늘어나고 물가 상승분이 반영되어 주가가 오르는 것이 정상이다. 그러나 지금은 증권시장이라는 이상한 거래 장소를 만들어 자신들끼리 터무니없는 거품 가격을 만들어 서로 거래하면서 그 이익을 취하고 있다. 또한 펀드나 금융상품 또한 이러한 것들과 연계하여 투자라는 명목 하에서 악화를 양산하는 것은 크게 다를 바 없다.

이 때문에 우리가 위기를 해결하려고 한다면 유동성 거품의 발원지인 부동산 자체의 거품을 제거하여 초기 가격에 가깝게 평가 절하하여야 한다. 또한 증권도 액면가에 기본적으로 상승하는 상승분 이상의 거품이 되지 않도록 주가의 평가 저하를 해야 한다. 또한 펀드나 금융상품에도 철저한 규제를 통해 금융 산업의 근본적 본분을 다 하도록 유도해야 한다.

부가가치세를 감세하라

생산성의 가장 중요한 목적은 화폐가 산업 분야에 투자되어 고용과 생산을 통한 이익을 창출하는 것이다. 이렇게 얻어진 이익은 화폐의 내재적 가치를 향상시키고 원활한 유동성을 갖게 함으로써 화폐의 유동성과 생산성을 동시에 키우는 역할을 하는 것이다. 다시 말하면 화폐는 생산성을 통해 부가가치를 키우는 중요한 역할을 하는 것이다.

우리는 현재 세법상 서비스 용역이나 물품의 최종 소비자가 10%의 부가가치세를 납부하게 되어 있다. 이는 국가 재정의 세수를 확충하기 위해서 만들어진 세법이나 이에 대한 영향은 최종 소비자에게 세금이 전가되어 물품 및 용역의 비용이 증가되어 더 큰 부담을 주고 있다. 그리고 잠재적으로 물가상승을 유도하는 역할을 하고 있다. 그래서 위기에 처해 생산성이 약해져 고용과 소득이 상대적으로 감소된 서민에게는 부가가치세가 큰 부담으로 작용되고 있다.

이것은 듣기 좋아 명칭이 부가가치세이지, 이는 '부가부담세' 나 마찬가지이다. 국가의 재정수입의 확충을 위해 절대적으로 필요한 세목일지는 모르나, 이는 서민경제에 잠재적 부담으로 작용한다. 그래서 부가가치세의 세율을 줄여 서민과 기업의 부담을 줄여줄 필요가 있다.

이 부가가치세 감세로 인한 세수 감소는 실용주의를 실천하는 효율적인 방식이다. 작은 정부를 만들어 합리적으로 운영하면 충분히 가능하리라고 본다. 부가가치세의 세율 인하는 최종 소비자의 상대적 소득을 증가시키는 요인이 될 뿐 아니라 내수의 활성화를 줄 수 있는 세정이 된다. 따라서 부가가치세 감소는 우리의 경제 살리기의 일환이 된다.

일거리를 창출하라

유동성 위기의 해결책은 생산성을 키우는 것이다. 생산성은 생산기반과 고용, 생산 공장, 유통, 소비와 직접적 연관관계가 있다. 그 중 생산과 고용의 공통성은 생산기반의 확충에 있다. 특히 생산기반의 확충은 생산성 증가에 결정적인 역할을 하기 때문에 더욱 필요하며, 그 과정에서 고용과 내수를 유도하기 때문에 결국에는 총괄적 생산성을 키운다.

지금 우리가 당면하고 있는 유동성 위기는 생산성을 무시하고 불로소득에 의해 부를 축적하려는 유동성 활성화가 원인이므로, 근로에 의한 정상소득 분야를 키우지 않으면 위기의 해결이 어렵다. 이러한 정상소득을 활성화시킬 수 있는 분야가 생산성 분야이다.

그러면 생산성을 키우기 위해서는 무엇이 필요한가. 그것은 기업의 수적 증가도 요구되지만 기업의 특성상 쉽지 않은 일이다. 그래서 국가

주도 하에 사회간접자본인 기간산업의 확충이 우선되어야 한다.

우리 실정에 맞고 미래 지향적인 기간산업 분야는 첫째, 국내의 철도 시설확충 및 세계로의 연결이 가능한 철도망 조성이 있고, 둘째, 한반도 내의 교통체계 재정비가 있다. 셋째, 장차 물 부족 국가에 대비하여 하천이나 유수지 및 댐을 신설하고 정비하는 것이 있고, 넷째, 중국이나 일본과의 보다 긴밀한 교역을 위해 해운 항만의 신설 및 확충이 있다. 그리고 다섯째, 미래형 산업 개발과 육성을 위한 공단의 신설이 있다.

이러한 기간산업의 육성을 동시다발적으로 진행하기는 어려우므로 국가적 차원에서 장기적인 계획 하에 지속적으로 추진되어야 한다. 이러한 국가 차원에서 일거리 창출은 단순히 고용확대라는 측면도 있지만, 고용 안정에도 절대적으로 필요한 것이다. 그래서 이것은 우리에게 닥친 위기의 해결법도 되지만, 우리의 미래가 달린 사항이라는 것을 명심해야 한다.

기준금리를 올려서 더 큰 위기를 대비하라

전 세계적으로 유동성 위기를 해결하기 위하여 각국은 기준금리를 일제히 내리고 있다. 이것은 단순히 유동성 공급을 위해 취한 임시방편이다. 그러나 실제로는 유동성 위기는 유동성 공급으로 해결될 문제가 아니다. 유동성 위기가 자체의 과도한 과열로 인해 발생된 것이기 때문이다. 그래서 과열을 식혀줘야 할 정책이 필요하나, 오히려 과열을 부추기는 유동성 공급이 선택되어지고 있다. 위기는 유동성 공급으로 인하여 일시적으로는 진정될 것이다. 그러나 오래 지나지 않아서 그 효과가 떨어지면 더욱 위축되는 상태로 나타나 유동성 위기만을 더 키운다.

기준금리를 내리면 그나마 건전성을 유지하고 있는 예금금리조차 교란되고 역반응을 일으켜 오히려 예금이 빠져나가 은행의 자금 압박은 상승하며, 대출이 위축되고, 예금과 대출 마진이 축소되어 은행의 자금 운영은 어려워질 것이다. 기준금리를 올리면 대출 이자율을 조정할 수 있어 은행의 예대 상계에 의한 마진율이 키워지며, 그것을 통해 대출이 증가되기 때문에 오히려 경제운용에는 유리해진다.

당장 눈으로 보이는 방법이 맞는 경우도 있지만 차라리 반대의 정책이 타당할 수도 있다. 기준금리를 올림으로써 예금 유치가 수월해지고, 외적으로 기타 자금 차입이 수월해져 기준금리를 올리는 것이 유동성 위기의 또 다른 해결법이 될 수 있다.

금리를 낮추면 국내 예금이 줄어들고, 국내 예금이 줄어들면 은행에 대한 외국 자본의 영향력이 커진다. 외국 자본의 영향력이 커지는 것은 주식에도 영향을 주어 주식시장에 대한 외국 자본의 장악력이 커진다. 기준 금리가 낮아져도 은행은 BIS 준비금 때문에 대출을 기피하게 되어서 필요 불가결한 기업 대출까지도 축소되는 역전현상을 일으킨다. 그래서 기준금리를 낮추는 것이 별 효과를 보지 못하는 것이다.

따라서 차라리 효과 없는 금리 저하보다 나중에 적절한 때 사용할 수 있도록 금리를 높여 히든카드로 남겨놓는 것이 더 필요한 정책일 수 있다.

국가주도형 고용으로는 부족하다

국가주도형 고용은 사회간접자본 확충을 주 대상으로 하여 국가 예산을 집행하고, 그것으로 고용을 촉진하는 것이다. 그러나 사회간접자본 확충을 위한 기간산업에 많은 노동력을 동원하고, 그것을 통해 고용을 해결해 보려는 것에는 다소의 문제점이 있다.

이러한 것은 과거의 방법으로 지금과 같이 기계화되고 고도의 기술적 장비가 개발되어 있는 시점에서는 실제적인 노동집약적 고용은 불가능하다. 다시 말하면 사회간접자본 확충에 국가 예산이 아무리 증가되어도 그 혜택은 일부 대기업에 국한될 뿐 실제 고용이 필요한 서민 계층에는 직접적인 혜택이 돌아갈 수 없다는 점이 가장 큰 문제점이다.

또한 고용을 계획적으로 늘리기 위해 인적 노동력 부분을 증가시켜도 지금과 같이 과학기술이 발달하고 합리성과 효율성을 강조하는 시대에서는 대량 고용이 불가능하다. 만일 대량 고용을 하여도 저임금 고용이 되어 실제적인 고용 효과는 반감할 수밖에 없다.

이에 따른 국가주도형 고용은 국가의 중소기업에 대한 적극적 지원이다. 중소기업은 대기업이나 공기업과는 달라서 지원 여하에 따라서는 크게 고용을 확대할 수 있다. 다만 기업간의 형평성 문제 때문에 국가 차원에서 직접 지원을 못하고 있는 것이 문제다. 그러나 지금은 국가 백년대계를 가름할 위기 상황이다. 그래서 비상의 결단으로 국가가 주도하여 중소기업을 지원해야 한다. 중소기업이 되살아나지 못하면 국가의 미래도 없다. 지금과 같이 유동성 위기를 만들어 놓은 금융기관을 통해 자원하려면 그것은 어불성설이다.

또한 자기만 살려고 하는 금융기관이 담보 능력도, 보증 능력도 없는 중소기업에 돈을 빌려줄 것인가. 특히 국가는 고용을 위한 일거리 창출도 중요하지만 기업간 일거리 나누기도 주도하여야 한다. 대기업에 집중된 일거리를 중소기업과 나누게 하고 대기업이 중소기업 영역으로의 진출을 억제하여 중소기업의 일거리를 확보해 주어야 한다. 그래야 중소기업이 추진하고 있는 일자리 나누기가 성과를 볼 수 있다. 일거리가 없는데 어떻게 일자리를 나눌 수 있는가, 이제는 국가가 나서야 한다. 중소기업이 다 죽고 나면 그때는 이미 늦은 것이다.

정부의 신뢰를 회복하라

위기의 시기에 가장 큰 문제는 국가가 국민에게 신뢰를 잃었을 때이다. 신뢰를 잃는 이유는 국민과 국가간의 소통이 단절되고, 무기력하게 위기에 대처하여 더 이상의 국민적 믿음을 얻지 못하기 때문이다. 이것은 닥쳐진 위기를 만성화시키고 그후 어떠한 해결책을 내놓아도 약효가 듣지 않는 상태로 몰아가 위기의 공황 상태가 된다. 그래서 위기는 위기의 발생 초기 상태보다도 더욱 심각한 상황이 되어 어떠한 특단의 조치로도 해결이 불가능해진다. 물론 이때의 특단의 조치라는 것은 이제까지의 모든 사회적 제도와 삶의 형식 자체를 바꾸어야 하는 개혁을 말한다. 이것을 통하지 않고는 어려워진다는 뜻이다. 이 때문에 우리는 위기의 해결에 앞서 국가와 국민간의 상호 신뢰를 유지하는 것이 해결의 첫 단추를 꿰는 것으로 보는 것이다.

국가가 국민의 신뢰를 얻으려면, 첫째 모든 정책은 일관성을 가져야 한다. 일관성이란 정책의 기조가 국민이 믿고 따를 수 있도록 처음부터 끝까지 변함없이 진행되는 것이다. 상황에 따라 변할 수 있다는 것을 보여주어서는 안 된다. 둘째, 모든 정책에 국가의 권위를 세워야 한다. 정책은 국가가 주도하여 국민이 자연스럽게 따라올 수 있도록 하고, 고위 정책 입안자들은 매사의 모든 언행을 조심하고 전문성에 치중하여 권위를 잃지 않도록 해야 한다. 셋째, 다른 나라의 정책과 다를지라도 우리의 실정에 맞는 정책을 세워서 국민에게 거부감이 생기지 않도록 한다. 넷째, 국가와 국민간의 계속적인 소통이 필요하다. 사회적 당론이 선행되어 합의에 의하여 정책을 진행해야 국민의 설득이 쉽다. 다섯째, 정책의 흐름과 결과가 국민 전체에게 공평하게 나누어져야 하며, 공정성이 입증되도록 해야 한다. 여섯째, 정책의 내용이 국민에게 먼저 이해가 되도록 계속적으로 홍보해야 한다.

국가간 무역 및 물적·인적 교류를 활성화하자

범세계적인 유동성 위기는 세계 각국에 동일한 경제적 어려움을 주고 있다. 이 때문에 세계 각국은 서로 상부상조하고 양보를 통해 상생의 길을 찾아야 한다. 우선 위기의 원인은 미국발 유동성 위기이지만, 미국의 위치로 보아 전 세계에 그 영향을 미치지 않을 수 없다. 그래서 전 세계의 어느 국가도 이번 위기는 피해갈 수 없다. 더욱이 그동안 우리나라는 미국과 비슷한 경제논리로 운영되어 왔기 때문에 시간적 차이는 있을지언정, 조만간에 동일한 위기 상황을 맞게 될 것이다. 다시 말하면 전 세계가 같은 상황에 처해져 어느 누가 낮고 못하고가 아닌 상태가 된다는 것이다.

이러한 이유 때문에 우리는 범세계적으로 공조하여 위기 타결을 위해 노력해야 한다. 이것을 위해서는 우선 전 세계가 국가간 무역활성화를 위해 서로 양보를 통한 FTA를 조속히 체결하고 수입, 수출을 통한 범세계적인 생산성을 키워줘야 한다. 이 생산성이 각국의 고용을 촉진하고 소비를 활성화시키기 때문에 유동성 위기의 해결방법이 생긴다.

위기의 상황을 잘못 판단하여 오히려 보호무역주의로 간다면 위기의 만성화가 초래되어 일시적으로 보호무역에 의해 상황이 호전되는 것처럼 보일 수 있다. 그러나 결국에는 서로간의 무역 마찰에 의해 국가간 신뢰와 우호적 관계가 망가져 더욱 어려운 상황이 초래될 수 있다.

별도의 위기에 대한 조치로 국제간 유동성의 원활화를 꾀해야 하며, 국가간 통화 지원 및 자금 지원에 대한 협약이 필요하다. 또한 위기라는 상황에 맞추어 국제 투기자금에 대한 종합적인 대책과 조처에 대하여 국가간 공조가 필요하다.

국제 투기자금은 국가와 민족을 상관하지 않고 자신들에게 이익이 있다면 무슨 짓이라도 하기 때문에 위기의 더 큰 조장을 막기 위해서라도 통제가 필요하다. 이에 대한 조처로는 국제간 무조건적 금융 개방에 대한 규제를 만들어야 한다.

또한 유동성 위기가 각 국가간의 고용에 가장 큰 영향을 주기 때문에 국제간 인적·물적 교류에 대하여 상호 지원하고 활성화하여야 한다. 우리가 겪는 유동성 위기의 해결도 결국에는 고용이 그 해결의 시발점이 되기 때문에 절대 간과해서는 안 된다.

공적자금 투입을 억제하자

'깨진 독에 물 붓기'라는 말이 있다. 독이 경제라면 위기는 깨진 것이다. 독에 차 있는 것은 재화일 것이다. 독이 정상적일 때는 독 안의 재화가 철철 넘쳐도 아무 이상 없이 담겨져 있을 것이다. 이와 같이 경제도 물이 넘쳐도 견뎌내듯 그 포용력의 한계만큼 커져도 아무 이상 없이 굴러갈 것이다. 그러나 독에 조금이라도 이상이 생겨 균열이 발생된다면 독에 차 있는 물의 관성 때문에 그 균열이 쉽게 고쳐지지 못하고 더 커질 수밖에 없다. 이와 같이 경제에도 위기현상이 일어나면 경제가 가지고 있는 위험성에 대한 관성 때문에 위기의 정도는 더 커질 수밖에 없다. 그리고 그런 현상이 반복되어 결국 총체적인 위기로 변한다. 이것은 경제라는 독이 균열로 인해 내부의 물이 점차 빠져나가듯 가두어 두었던 재화가 점차 줄어들어 위기 상황이 연출되는 것과 같다.

이러한 위기는 외적으로 볼 때 독 내부의 물이 빠져나간 것처럼 보여 단순히 금융기관의 유동성 부족으로 치부될 수 있으나, 실제적으로는 경제체제의 운영 잘못으로 일어난 현상이다. 그리고 이러한 현상이 단지 경제체계 내부에 담겨있는 재화의 부족처럼 보이는 것이다. 이 때문에 각국은 조급히 유동성을 키우기 위해 공적자금 등을 공급하여 물독에 다시 물을 채우려하는 것이다. 이는 깨진 독에 물 붓기와 같아서 다시 시간이 지나면 물 먹은 하마와 같이 깨진 부분으로 물이 세어나간다. 그래서 투입된 공적자금은 도덕적 해이와 사욕에 가득 찬 인간들의 손에 들어가듯 독에서 빠져나갈 것이며, 또 다시 위기는 되풀이 되어 찾아올 수밖에 없다.

항상 '무슨 일이든 서두르면 한가할 때 후회한다' 고 한다. 물론 서둘러야 할 일이 있다. 어떤 긴급한 상황은 우선의 응급조치를 통해 1차적 위험을 줄이고, 그 다음에 정식으로 진료하여 원인을 정확히 판단한 후 제대로 된 치료를 받는 것이 최선이다. 또한 이러한 경우에는 긴급하다는 전제 하에서 시행되는 신속한 대처로 그 처리법이 맞다. 그러나 신속한 처리가 응급조치가 아니고 본격적인 치료라면 그것은 너무 서두르는 것이며, 병의 원인도 모르고 함부로 치료하는 것이 되어 병을 더 키울 우려가 있다.

지금의 유동성 위기는 응급조치로 해결될 경제적 위기가 아니다. 그 병의 뿌리가 워낙 깊어 쉽게 해결될 수 있는 것이 아니다. 그러나 위기로 인해 결정적인 타격을 받기 전에 긴급조치를 하는 것이 필요하다. 하지만 마치 이것을 본격적 치료로 착각해서는 안 된다. 금융기관에 공적자금을 투입하여 살려내는 것은 적절한 응급조치이다. 그러나 그 응급조치가 치료의 전부가 되면 안 되듯 응급조치 후 병의 원인을 정확히 가려 금융 산업의 전반적인 대수술이 필요하다. 무조건적으로 공적자금을 투입하면 깨진 독에 물 붓기와 같아서 계속 응급조치만 하여 결국 경제 전체를 치료할 수 없는 만성적 위기 상태로 몰고 갈 수 있음을 명심해야 한다.

경제의 초심으로 돌아가자

미국은 마치 과거 역사 속에서 몰

락해가는 로마와 같은 길을 걷고 있다. 열심히 일해서 경제를 이끌어가는 자신들의 산업을 지키려하지 않고 힘들고 어려운 일은 이민자나 불법 체류자에게 하도록 하고 있으며, 대부분의 공산품도 수입해 쓰고 있다. 이것은 로마가 국경을 지키기 위해 게르만 용병을 쓰는 것과 생산 활동의 대부분을 노예를 통해 처리했던 것과 무엇이 다를 것인가.

또한 수출과 수입을 통한 정상적인 교역 속에서 생산과 소비의 경제 체계를 무시하고 유동성을 이용하여 세계 각국의 주식시장이나 현물시장을 장악해 헤지 펀드나 핫머니를 이용하여 불로소득을 취하고, 그것으로 자기 국민을 살찌우고 있는 것은 로마가 속주에서 세금을 받아 흥청거렸던 것과 다를 바 없다.

더욱이 정상적인 경제 행위로서의 건실한 노동을 하지 않기 때문에 남아돌아가는 시간을 주체할 수 없어 향락 산업과 방송 연예나 할리우드 영화에 시간을 소모하는 것은 로마 몰락의 시대에 극단적인 향락주의와 검투사 경기 관람 등에 시간을 쏟아 붓는 것이 어떻게 보면 유사하다.

미국이 독립하던 시절의 청교도적인 건실함과 개척정신은 지금 어디에서도 찾아볼 수 없다. 그 시절의 미국은 발전지향적이고, 창조적이며, 미래지향적이었다. 더욱이 과학기술의 독자적인 개발과 각종 산업의 발달로 세계의 주도 국가가 되는 기틀을 세웠으며, 결국 이루었다. 그러나 오르는 것이 있으면 내리는 것이 있듯이 이제는 방만하고, 나태하며, 교만하게 변하여 '신선 노름에 도끼자루 썩는지 모르고' 있다가 전 세계에 유동성 위기라는 고통을 넘겨주게 되었다.

그러나 우리도 문제이다. 우리의 경제체계나 사회적 의식이 미국의 경우를 그대로 본받아 이루어져 있기 때문에 시간이 지나면 동일한 길을 갈 수밖에 없다. 그래서 더 늦기 전에 우리는 우리 나름대로 경제와 사회 의식을 건실하고 정직한 방향으로 전환시켜야 한다.

이제라도 미국은 독립 초기의 초심으로 돌아가야 한다. 그래서 우리와 같이 미국의 체제를 뒤따르는 국가들도 정당한 길로 돌아설 수 있도록 본을 보여 주어야 한다.

고액화된 임금을 재조정하라

우리가 겪는 유동성 위기는 잘못 끼워진 옷의 단추와 같다. 단순히 다시 끼우기만 하면 해결되는 것이 아니라 다시 끼우기 위해 기존에 끼워진 단추를 모두 풀어야 하며, 그 후 그것을 원칙대로 다시 끼워야 하기 때문에 더욱 어려운 것이다.

이제까지 우리가 비정상적인 유동성에 의해 거품을 일으켜 경제적 혜택을 받아왔다면 그 혜택을 받은 만큼 모두 반납해야 한다. 그리고 그 과정에서 닥쳐올 경제적 퇴보도 감수해야 하고, 혜택을 받은 만큼의 고통도 인내해야 한다. 이 세상에는 공짜는 없다. 우리가 그동안 구가해왔던 사회적 번영도 잘못 끼워진 단추였다면 다시 정상적인 사회를 만들기 위해서는 원상태로 되돌려 놓아야 한다. 그래서 다시 시작해야 우리는 비로소 새로운 경제적 발전과 사회적 번영을 이루어 낼 수 있다.

이 때문에 우리는 지금의 모든 물가를 어떠한 방법으로라도 되돌려 놓아야 한다. 그러한 일의 악역은 국가가 맡아줘야 한다. 그 첫 시작은 모든 분야의 급료를 재조정해야 한다. 우리의 월급은 유동성 위기 시발점인 거품에서 시작되었다. 금융 분야의 터무니없는 연봉이 공기업의 급료를 끌어올렸고, 그것이 덩달아 대기업의 급료도 끌어올려 사회의 계층 간 급료 차이를 크게 하였다.

그러나 그것은 잘못된 시작이다. 공기업, 대기업의 급료 인상은 인건비를 상승시키고, 그 인건비가 바탕이 된 공공요금이 상승되었고, 대기업 생산품의 가격의 상승을 가져왔다. 그래서 가격 상승이 모든 분야로 확산되어 지금의 터무니없는 물가가 형성되었으며, 계속적으로 물가 상승의 원인이 되고 있다.

물가에 부여된 인건비나 임대료 등이 조절되면 자동적으로 물가가 떨어질 것이다. 물가도 잘못 끼워진 단추처럼 인건비부터 다시 끼우지 않으면 조절이 되지 않는다. 우리 모두의 월급이 결국 물가 상승의 요인이 되고, 그 결과가 부메랑이 되어 많이 벌어도 별로 쓸 것이 없는 고물가 사회를 만들었다는 것을 명심하여야 한다. 특히 임대료의 경우는 부동산 가격 상승에 따라 임대료가 증가되어 물가에 직접적 영향을 미친다.

덧붙여서 월급의 절감뿐 아니라 국가의 세금도 조절하여야 한다. 세금이 결국 또 다른 물가 상승의 원인이 된다. 이처럼 여러 가지 요인이 서로 난마처럼 엉켜있어 사회구조가 물가를 내리기 어렵게 되어 있다. 그러나 누군가는 고양이 목에 방울을 달아야 한다. 서로 미루고 자신만 빠져나가려고 한다면 우리가 겪을 유동성 위기는 결코 쉽게 해결되지 않을 것이다.

적자 재정을 줄이자

외환위기는 그 당시에 우리와 동

남아시아가 겪은 국지전이지만, 유동성 위기는 춘추전국시대와 같이 전 세계가 동시에 겪는 경제 세계대전이다. 국지전은 주변 강대국의 도움으로 쉽게 해결이 되지만, 전 세계로 파급된 세계대전은 어느 한 국가가 좀 나아진다고 끝날 수 있는 것이 아니다. 세계대전처럼 동시다발적으로 발생된 경제위기는 서로가 맞물려 있어 우리가 아무리 잘 처신해도 우리의 상대국이나 선진국에서 대처가 잘못되면 바로 영향을 받을 수밖에 없다. 그와 같이 우리가 해외 무역에 대해 잘 처신해도 우리 상대국의 수출입 사정에 따라 영향을 받고 영향을 줄 수 있기 때문에, 유동성 위기로 발생된 경제 전쟁을 헤쳐 나가기에는 많은 시간이 걸릴 것이다. 또한 각 국가는 경제적으로 상당한 타격을 받아야 그 끝을 볼 수 있을 것이다. 그렇기 때문에 우리는 좀 더 긴 안목에서 이번 위기로 다가온 경제 전쟁을 살펴보아야 한다. 우선 이번의 위기는 쉽게 끝나지 않을 수 있다는 점에서 장기적인 대책마련이 필요하다. 우리가 먼 길을 갈 때는 몸에 지닌 무거운 것을 덜어내고 가볍게 해야 하며, 신발 끈을 동여매야 하듯이 국가의 재정도 가볍게 하여야 하고, 초기에 불필요한 쓰임새를 줄여야 한다. 그러기 위해서는 우선 적자 재정을 줄여야 한다.

재정의 규모에 있어서도 위기가 단기간에 끝날 수 있다면 총력을 다하여 모든 것을 일시에 투입하여 재정 규모도 늘리고 예산 집행도 대량으로 조속히 처리하는 것이 타당하다. 그러나 범세계적인 유동성 위기는 아무리 전 세계가 동시다발적으로 신속 대응하더라도 그 위기의 뿌리가 너무 깊어 단기간에 쉽게 해결되기 어려울 것으로 보인다. 그래서 오히려 필요 적절한 것을 제외하고는 정작 필요한 때를 대비해 축적하고 장기적인 안목에서 예산이 집행되어야 한다. 그러기 위해서는 반드시 현상황과는 역으로 긴축정책을 해야 하며, 적자 재정을 줄여 장기전에 대비해야 한다.

농어촌 고용을 활성화하자

우리에게 있어 1차 산업은 모든 생산의 근간이다. 경제의 3축 중 생산의 목적은 인간에게 삶을 영위하는 데 필요한 것을 만들어 공급하는 데 있다. 이것이 원만하게 소비를 하도록 하는 일련의 과정이 경제행위이다. 그러나 현대에 와서는 1, 2차 생산 산업보다는 3차의 서비스 용역이 더 발달되어 그 근원적인 단순 생산 산업인 1차 산업이 무시되거나 등한시되어 왔다. 사람들이 모여 도시를 이루고 도시화 과정에서 논밭이나 공장에서 일하는 것보다는 사무직과 관리직에서 편안히 지내는 것이 일상화되면서 우리의 먹거리 산업의 주체인 농어촌이 소홀히 취급되었다. 그러나 우리가 인간이고 반드시 먹어야 산다면, 오히려 고마워하고 존경을 보내야 할 분야가 농어촌의 1차 산업 종사자들이다. 유동성의 일탈 속에서 돈을 좀 만진다고 실물경제의 최첨병인 원료생산 산업을 무시해서는 안 된다. 지금의 유동성 위기로 인해 3차 산업의 근로자들은 거리로 내몰리고 있다. 그렇기 때문에 우리는 고용의 축소라는 문제에 봉착하여 소비가 위축되고 있다. 이 때문에 결국 위기의 정도가 더욱 심화될 우려를 가지고 있으므로 다시 원초적인 것에서 고용을 해결해야 한다. 그 해결법의 하나로 현재 노령화되어 있는 농어촌 식생활 원자재 생산 분야에 3차 산업에서 빠져나온 고용을 흡수해야 한다. 단지 문제는 높은 급료와 여러 가지 도시 사회의 혜택을 받았던 사람들이 농어촌 고용에 바로 적응하기 어렵기 때문에 국가의 도움이 필요하다. 다시 말하면 농어촌을 활성화시켜 기본적인 문화, 교육, 의료 등의 시설 확충과 일거리를 늘려 농어촌 고용에 적용하고, 도시 생활자와 격차를 줄일 수 있도록 임금 보전 등의 직접적으로 도움이 되는 정책을 세워 농어촌 고용을 확충할 필요가 있다.

군복무기간을 늘리자

우리나라 남성들은 병역의 의무를 갖는다. 군대에서 일정기간을 의무적으로 근무하고 사회에 나와야 비로소 완성된 성인 대접을 해주는 것이 사회의 일반적 통념이다. 그러나 이 의무복무 기간도 시대와 상황에 따라 계속 변해왔다. 최장 36개월에서 지금과 같이 18개월 정도까지 계속 줄여온 것이다. 그러나 현재와 같이 청년실업이 계속 증가되고 사회적으로 취업에 대한 눈만 높아 무능화되어가는 청년들을 그대로 방치해서는 안 된다. 특히 유동성 위기로 인해 그 청년들의 부모세대인 40~50대 중년 가장들이 실직을 하거나 무기력화했을 때도 잠재실업 상태에 있는 청년들은 별도리 없이 부모에게 기대어 살 수밖에 없다. 그리고 그 중 일부는 그것에 타성이 배어 사회적으로 문제가 될 수밖에 없다. 이 때문에 기존의 병역 근무기간을 다시 3년으로 늘려야 한다.

여기서 18개월은 의무복무 기간이고, 추가된 18개월은 선택복무 기간이다. 그러나 선택복무 기간이라도 자신의 마음대로 선택되는 것이 아니라 당장 사회에 나가서 직업이 결정되지 않는 청년들이 군대 연장복무를 통해 사회적응능력을 키워주고 국가도 비교적 저임고용을 통해 다수의 청년실업을 줄일 수 있는 방법으로 모색되어야 한다.

유동성 위기가 우리에게 주는 위기상황도 더 이상은 우리 사회에 백수와 같은 놀고먹는 청년실업을 용납해서는 안 되며, 그들 스스로도 경제적으로 위기에 봉착한 부모에게 기대어 적당히 시간을 허송하며 살아가게 해서는 안 될 것이다.

상생과 나눔의 사회의식을 키우자

유동성 위기는 이기적 불노소득의 결과이다. 자신만이 노력 없이 쉽게 돈을 이용하여 부를 축적하고 웰빙하려는 정신자세에서 나온 샤일록적 경제논리에서 생긴 것이다. 그래서 우리는 위기의 원인이 이기심과 배금주의에서 생긴 것을 인지하고, 그에 대응되는 마음가짐인 상생의 경제철학을 세워야 한다.

남이야 어떻게 되든 상관없이 나만 잘 먹고 잘 살려고 하기 때문에 불로소득을 취하려한다. 그래서 남의 것을 넘보며 사는 이기적인 사고가 자연스러운 사회현상이 되었다. 이것이 남과 비교해서 더 많은 부를 취하려고 하는 마음으로 남았으며, 이제까지의 20세기 경제관의 전부였다. 무슨 수단과 방법을 가리지 않고 돈만 벌면 되었고, 그것으로 부를 축적하여 졸부라는 소리를 들어가면서 사유재산제의 유리한 점을 이용하여 멋대로 쓰고 살아왔다. 그러나 우리는 유동성 위기를 통해서 지금까지 해온 불로소득적 행위가 정당하지 못한 사기행위라는 것을 알았다. 그래서 이제는 고쳐야 한다. 더 이상 돈 놓고 돈 먹는 도박과 같은 불로소득적 경제행위인 부동산, 증권, 펀드의 망령에서 벗어나 보다 건실하게 자신의 노동과 노력으로 돈을 벌어야 한다. 또한 그것을 통해 비록 더디더라도 정당하게 돈을 벌어야 한다는 사회의식 개혁이 필요하다. 노력 없이 자신만을 위한 이기적인 경제행위의 결말이 유동성 위기라는 우리에게 힘든 고통의 시간을 가져다주었듯이, 어느 누구든 '고통 없이도 얻는 것이 없다' 는 고금의 진리를 잊어서는 안 된다. 우리에게 닥쳐온 위기는 우리가 그동안 놀고먹은 결과임을 명심하고 불로소득의 행위가 죄악이며, 공멸의 길임을 알아야 한다.

서로의 상생을 위해서는 서로간의 정당한 노력이 필요하며, 콩 한 쪽도 나눈다는 마음의 정신이야말로 새로운 시대의 경제 패러다임이 범세계적 위기에서 선진국은 후진국과, 부자는 가난한 사람과 서로 나눔의 정신을 통해서 상생하려고 한다면 지금의 유동성 위기도 이겨낼 수 있을 것이다.

또 다시 부동산 거품을 일으키지 말자

부동산을 통한 불로소득은 유동성 위기의 한 축이다. 더욱이 부동산은 거품도 문제이지만 부동산의 특성상 지역적 편중성이 심하고 정책의 시행방법 여하에 따라서 일부 지역 또는 일부 사람들에게만 불공평한 큰 혜택을 줄 수 있어 정책 방향이 사회 불평등 요인으로 될 수 있다.

단순히 위기가 와서 건설경기를 부양하겠다고 하거나 잘 진행되고 있던 규제를 해제하는 것은 상황 여하에 따라 위기를 해결하는 방법이 아니다. 이는 오히려 빈부격차만 키우며 투기심만 조장하여 사회적 분열현상을 만들 수 있다.

혜택이 없던 지방이나 대도시의 소외지역을 활성화하기 위한 부동산 규제완화는 건설경기의 활성화에 효과가 없다고 무시되고, 건설경기 활성화를 빙자하여 일부 계층에만 이익이 되는 선호지역의 규제완화가 또 다른 위기로 우리를 몰고 갈 수 있다.

위기의 어려움은 부동산 투기를 하거나 그것에 대한 혜택을 받을 수 있는 사람들보다는 서민 계층이 더욱 심한 것인데도 불구하고, 위기를 빙자하여 위기의 진행과정에서도 크게 고통을 받지 않을 기득 계층을 위해 규제를 풀어 거품을 일으키자는 것은 위기의 해결법이 아니다.

그래서 투기 가능 지역이나 일부 계층에게만 혜택이 갈 수 있는 지역은 토지 공개념을 적용하도록 법제화하여 일부 기득권층이 이익을 취할 수 없도록 하는 조치가 필요하다. 그리고 그 개발이익을 다른 지역과의 형평에 맞추어 환수해야 한다. 그래야 부동산개발 투기로 인한 불로소득을 막을 수 있으며, 이것을 통해 위기를 해결할 수 있다.

국가 지도층이 솔선수범하라

위기는 전방위적으로 온다. 그러나 그것은 마치 '가랑비에 속옷 젖어들 듯' 한다. 우선 머리와 겉옷이 젖고 차츰 속옷이 젖어들어 결국에는 몸까지 젖는 단계에 이른다. 이렇듯 여러 단계로 진행되어 가면서 최종적으로 온몸이 비에 젖게 된다.

비에 젖은 것을 우리의 고통으로 본다면, 고통은 우리 사회에서 외부에 노출된 취약한 계층에서 시작하여 사회적으로 혜택을 받고 있는 기득권층으로 전환될 것이다. 그러나 혜택을 받는 기득권층이 위기의 고통을 느끼기까지는 하위 계층인 일반서민이 너무 오랫동안 고통을 감수해야 한다는 점에서 문제가 있다.

과거 우리가 외환위기를 헤쳐 나올 때도 서민들은 큰 고통을 받았지만, 사회기득권층과 고위층은 전혀 어려움 없이 지냈다. 그리고 오히려 위기가 기회인 것으로 인식하여 더욱 도덕적 해이에 의해 사회를 농단하고 위기의 해결을 위해 대부분 국민이 고통을 인내하고 헤쳐나갈 때에도 몇몇 혜택을 받는 계층은 "이대로!" 하면서 지냈던 것을 익히 알고 있다. 이러한 교활함은 한 번으로 족하다. 말만 서민의 고통을 걱정하고 분담한다고 하지 말고 우선 상위 계층인 고위직 공무원이나 국회위원 등의 정치인과 금융기관 임원 및 공공기관의 임원들이 급료를 절반 정도 삭감하고 반납하여 솔선수범함을 보여야 한다. 그래야 그들도 유동성 위기로 오는 경제적 고통을 느낄 수 있으며, 자신들이 직접 체험적으로 느껴야 비로소 진정 서민들의 편에서 무엇이 문제인가를 파악하고 개선해 나갈 수 있을 것이다.

본인은 고통을 받지 않으면서 남들에게만 고통을 인내하라는 것은 어불성설이다. 오히려 사회의 윗자리에 있고 진정한 지도자가 되려면 자신부터 먼저 고통을 받아봐야 한다. 그렇지 않으면 누구도 그 뜻을 따르지 않을 것이며, 아무리 노력을 하여도 좋은 성과를 보기 어려울 것이다.

보호무역주의에 대비하자

유동성 위기의 진행은 그 도를 더
해갈수록 자국의 경제와 산업을 보호하기 위해 점차 배타적인 경제체계
를 갖게 된다. 특히 유동성의 두 측인 생산과 소비영역에서 대표적인 생
산물 수출과 소비를 위한 수입에 대한 내적 규제가 강화되면서 보호무역
주의로 흐를 가능성이 있다.

보호무역이란 자유무역과는 정반대의 개념으로 우리와 같이 수출 주
도형 국가에게는 어떻게 보면 치명적일 수 있다. 우리가 생산한 제품의
상당수는 수출을 통해 외화 획득을 하고, 그것을 가지고 우리에게 필요
한 것을 수입하거나 외화로 보유하여 국가의 부를 축적하는 근간으로 삼
는다. 그런데 상대방이 보호무역주의를 선택하게 되면 우리 생산품의 상
당수가 수출길이 막히게 되어 필요한 외화를 획득하기 어려운 상황으로
가게 된다. 특히 일부 특정국의 보호무역주의는 우리와 같이 수출 의존
도가 높은 나라에게 더욱 치명적일 수밖에 없다. 미국이 자국의 산업을
보호하기 위해서 수입 규제를 강화하고 공공산업에 자국산 재료만 사용
토록 법제화시키거나 정책을 세우는 것은 자신들의 권리이기 때문에 우
리로선 어쩔 수 없다. 그러나 현재와 같이 국가간 자유무역주의를 원칙
으로 하여 FTA를 추진하는 과정에서 역으로 보호무역주의가 대두되는
것은 지금의 유동성 위기가 세계 무역 관행조차 뒤흔들 수 있는 심각한
위기라는 의미도 된다.

보호무역주의는 유동성 위기에서 일시적으로 모면하려는 한 가지 방
법이다. 그러나 이 또한 '언 발에 오줌 누기' 가 되어 일시적으로 위기가

완화되는 것 같지만, 결국에는 더 심각하게 얼어버릴 수밖에 없다. 왜냐하면 보호무역주의는 상대방도 보호무역주의로 전환하게 하여 결국에는 모든 국가가 자유무역보다는 보호무역주의로 회귀할 수밖에 없기 때문이다.

우리와 같이 무역거래상 미국의 의존도가 높은 나라는 미국이 보호무역주의로 전환하는 경우 직접적인 타격을 받을 위험성이 높다. 따라서 우리는 수출 다변화와 다양한 국가에 맞는 맞춤형 수출품 생산으로 이에 대한 대비를 해야 한다.

물가를 낮추자

물가는 우리 서민 생활에 직접적인 영향을 주는 가장 큰 요소이다. 물가가 변동하는 데 따라서 삶의 질이 변하고 생활의 형태도 달라진다. 그래서 국가는 항시 물가 변동에 신경을 쓰고 있으며, 가능한 범위 내에서 물가상승을 억제하는 것이다.

그러면 이러한 물가는 어떻게 결정되는가. 물가가 결정되는 것은 생산원가와 세금 그리고 유통 마진을 들 수 있다. 여기서 생산원가는 원자재비와 인건비 및 이윤을 포함한 제반 경비를 들 수 있고, 이 중 영향이 가장 큰 부분은 인건비이다. 그리고 원자재비는 수입에 의존하는 우리나라의 경우 국제 가격 변동에 따라 직접 영향을 받고 있다. 또한 경비는 금융비용과 광고비, 공과 잡비, 공공요금 그리고 토지 및 건물 임대 사용료 등이 포함되어 생산원가를 구성하고 있다. 다시 말하면 재료비는 어쩔 수 없다고 하더라도 인건비와 공공요금, 금융비용, 임대 사용료, 광고

비 중 어떤 한 가지라도 오르면 물가는 자동적으로 오를 수밖에 없는 것
이다.

이와 같이 인건비가 물가에 직접 영향을 미치기 때문에 인건비의 상
승은 물가 상승을 부추긴다. 그리고 물가 상승은 더 많은 월급을 요구하
게 되어 반복적인 노동쟁의의 원인이 된다. 더욱이 임금 상승은 인건비
증가요인이 되어 물가를 올리는, 서로 물고 물리는 악순환의 고리를 형
성한다. 이러한 물가상승은 국가 차원에서 세금 및 공공요금 인하가 우
선 되어야 하며, 기타 금융비와 광고비 및 임대료 등을 낮추는 방법이 모
색되어야 한다. 또한 인건비 부분에 있어서는 최저 임금제에 대한 개혁
이 필요하다.

국가는 위기를 해결하는 한 방편으로 고용을 촉진하고자 한다. 그래
서 일자리 나누기를 통해 고용 안정을 꾀한다. 그러나 일자리 나누기는
근로자 개개인의 월급이 줄어들거나 근로시간 감축으로 인한 소득 감소
가 전제되어, 근로 소득 계층의 고통은 필연적이다. 이와 같이 물가는 오
르고 소득이 감소된다면 국민 대다수 서민 생활은 더욱 어려워질 수밖에
없다. 그래서 국가가 고용확대를 위한 일자리 창출이나 일자리 나누기를
원만하게 수행하려면 물가를 유효적절한 수준까지 낮추어야 한다.

사회 각 분야의 거품을 줄이자

유동성 위기의 원인 중 하나는 사회적 거품이 심각해졌을 때 생기는 것이다. 이는 금융 산업이 생산성에 직접 영향을 주지 못하고 자체의 영향력만 확장되고 키워질 때 불로소득화되어 노력 없이 남보다도 웰빙하려는 데 원인이 있다.

방송연예 분야는 방송광고 수익에 의해 소득이 결정된다. 그러나 이 광고비는 결국 소비자들이 자기도 모르게 준조세처럼 지불해야 하는 것이다. 이러한 것이 방송프로그램 진행자나 광고 및 드라마의 연예인들의 과도한 수입의 근간이 되어 왔다. 그래서 이 또한 심각한 사회적 거품으로 볼 수밖에 없으며, 스포츠 분야의 고액연봉 또한 광고 및 스폰서의 지원금과 관람자의 입장 수입에서 결정되기 때문에 그들의 사회적, 실제적인 기여도보다도 훨씬 과장되게 수입이 부풀려져 있다. 금융 산업 분야의 고액연봉 또한 금융소득으로 얻어지는 정상 수입 외에 증권, 펀드 등의 투기적 소득에서 나오는 불로소득에서 결정되므로, 이 또한 심각한 거품을 내포하고 있다.

이렇듯 사회의 각 분야에는 잘못된 경제논리에 의해 힘없는 소비자들에게 전가되는 비용으로 형성된 거품이 만연하고 있다. 그래서 이러한 것에 대한 적절한 규제와 조절법이 필요하며, 출연료, 연봉 등에 대한 결정에 그 피해 당사자들로 이루어진 소비자 및 사회단체가 관여하는 길을 열어야 줘야 한다.

이렇듯 일반 서민이 이해하기 힘든 고액 연봉과 광고수입은 그 근원이 불로소득과 연결되어 있어 지금의 유동성 위기의 한 축을 형성하고 있다.

또한 이러한 것들이 배금주의 사고를 부추겨 우리 사회의 가장 고질적인 물질만능주의 풍조를 만든 것이다. 어느 누구도 정당하고 힘들게 번 돈을 함부로 쉽게 쓰지 않는다. '쉽게 온 것은 쉽게 간다'에서처럼 쉽게 많은 돈을 벌 수 있도록 사회 구조가 그렇게 만들었기 때문에 돈을 함부로 쓰고 돈으로 사람을 평가하게 만드는 이상한 풍조도 생겼다. 그리고 배금주의도, 지금 우리가 겪는 유동성 위기도 모두 불로소득의 잘못된 경제논리가 그 원인이다.

사회 기득권층의 양보를 통한 상생의 사회를 만들자

기득권층이란 법적 보호를 받는 계층으로 전문가, 기업가, 고위공무원, 의사, 변호사, 교수 등이 해당된다. 지금 우리에게 다가온 유동성 위기에 이들 집단이 서민들보다 훨씬 기여한 바가 크다. 부동산, 증권, 펀드 등의 투기성 분야에 이들의 재력이 밑바탕이 되어 제살 깎아먹는 투기판이 형성되었다. 그리고 그 결과는 연약한 서민들의 고통으로 남았다. 그러나 유동성 위기가 진행되어도 이들은 별로 심각한 영향을 받지 않는다. 이러한 근본적인 이유는 이들 기득권층이 법의 비호에 의해 혜택을 받고 있기 때문이다. 다시 말하면 유동성 위기로 인한 경제적 고통을 받을 경우 법이 방패막이가 되어 완충효과를 해주기도 하고 피해와 고통을 최소화시켜주었기 때문이다.

유동성 위기를 결자해지의 관점에서 보면 이들이 더 큰 고통을 받아야 한다. 그러나 사회의 구조상 오히려 서민에게 고통이 전가되고, 그들은 큰 영향을 받지 않고 있다. 그렇기 때문에 우리가 위기를 해결하려면 기득권층의 고통분담이 절대적으로 요구되고, 반드시 기득권층의 양보를 통해 서민과 동등한 고통을 받아야 한다. 그래야 서로 합심하여 위기를 해결할 수 있게 된다. 그러기 위해서는 위기의 진행에 따라 국가 차원에서 이 점을 유의하여 기득권층에 대한 법의 보호를 제거하여야 한다. 이런 것을 통해 서로 상생하는 사회를 만들어야만 비로소 유동성 위기를 해결할 수 있다.

대기업의 경우 기업의 사회적 역할 재정립이 필요하다. 대기업은 우리 국가의 토양 안에서 자라오고 혜택을 받아 커왔기 때문에 그들의 사회에 대한 절대적인 기여가 필요하다. 그러나 점차 기계화되고 자동화되는 기업의 체계와 최대의 이익을 내야 하는 기업의 특성 때문에 고용은 줄어들어 재화의 집중은 되어도, 고용의 확산은 어려운 상황이다. 이것으로 인해 대기업의 실제적인 사회 기여도는 위축되고 있다.

국가의 위기를 헤쳐나아가고 기업과 사회가 함께하려면 대기업의 고용이 촉진되어야 하며, 단순히 자신들만을 위한 이윤 추구보다는 고용을 통한 기업 이윤 분배가 이루어져야 상생의 사회를 만들 수 있다.

문화, 예술, 스포츠, 방송연예의 불로소득을 줄이자

우리 사회에서 사회 발전의 척도를 문화예술 분야의 진척 정도로 평가한다. 이것은 이러한 분야가 우리의 삶이 얼마나 풍부해져 있는가에 대한 기준이 되기 때문이다. 더불어서 문화의 척도는 스포츠, 방송연예 분야 또는 인간의 삶의 질을 향상시키기 위한 여흥이나 레크리에이션, 오락 등으로 표현되며, 우리 생활의 일부가 되었다. 그러나 이러한 분야들은 인간 삶의 주체가 아니고 양념일 뿐이다. 다시 말하면 의식주와 같이 절대적으로 삶을 영위하기 위해 필요불가결한 것이 아니라, 보조재로서 없다고 죽거나, 고통을 받거나 하는 분야가 아니라는 이야기이다.

그러나 방송이 광고의 매체로 등장한 이후 연예 및 스포츠 분야가 자본주의의 총아로서 자리매김을 하게 되었다. 기하급수적으로 늘어나는 스포츠, 연예스타의 연봉 또한 광고매체와 연결되어 개런티 등이 그들을 마치 영웅이나 대중의 우상인 것처럼 추켜세워 자라나는 젊은 세대에게 허영을 심어주었다.

이것을 따져보면 이러한 분야의 부의 집중은 사회적 빈부격차를 키우고 왜곡된 돈의 흐름도 만들지만, 그보다 더 본질적으로 잘못된 것은 배금주의와 물질만능주의 및 일확천금의 허황된 사고방식을 모든 사람에게 심어 줬다는 것이다.

더욱이 이것도 명백히 따져보면 문화라고 거창한 포장만 하였지 생산성이 미약한 소비를 위한 소비성 분야일 뿐이다. 그래서 사회적 약자에게 필요한 고용은 거의 없고, 일부 기득권을 가진 스타들에게 모든 부가 집중되어 빈부격차만 키울 뿐이다.

우리가 이 분야의 중요 인물들을 스타라고 하여 우상화하는 것도 따지고 보면 멀쩡한 금화의 둘레를 깎아 악화를 만들고, 깎아낸 금 조각으로 반지나 목걸이를 만들어 마치 새로운 부가가치를 창출한 것처럼 우상화하는 것 이상 아무것도 아니다. 스포츠나 연예 분야가 우리 삶에는 필요하다. 그러나 사회적 악화를 만들어서까지 키우고 늘려야 할 분야는 아닌 것이다.

일자리 나누기를 실천하자

인간의 삶은 안정과 균형 속에서 살아가는 것이 최선이다. 전쟁이나 환란은 그 자체가 삶의 균형과 안정을 깨기 때문에 그 영향권 내에서 있는 수많은 사람들이 다시 삶의 안정을 찾기 위해 고통을 참고 균형을 잡기 위해 노력하는 것이다.

우리가 평상시에도 극단적인 행동과 과격한 행동을 참는 것은 이것이 삶의 균형을 깨는 일이고 다시 원상회복을 하기 위해서 상당한 대가를 지불해야 한다는 것을 알기 때문에, 보수적이고 피동적인 삶을 영위하는 것이다.

유동성 위기는 또 다른 경제 전쟁이나 마찬가지이다. 이로 인해 수많은 사람들의 삶의 균형이 깨지며 생활의 안정을 잃게 된다. 특히 유동성 위기가 실물경제에 직접 영향을 미쳐 소비를 위축시키는 경우, 그로 인해 생산이 감소되고 고용이 축소되어 많은 사람이 실직을 하는 부차적 결과가 발생된다. 그러므로 이것이 많은 사람의 생활 안정을 해치는 결과를 가져온다.

이러한 실업은 그 당사자뿐 아니라 그와 연계되어 있는 가족과 주변 사람 등이 동시에 영향을 받아 그 고통의 영역은 더욱 확산될 수밖에 없다. 특히 실업은 비고용의 극단적 상황이기 때문에 고용 영역에 있는 사람들에 비해 비고용인은 현저히 불안정한 상태로 있어야 한다. 더욱이 재취업이 안 된 경우 실업이 계속되면 생활 전체가 망가지는 경우가 많다. 그래서 구조조정시 고용과 비고용의 극단적 처방으로 생산성 위기를 해결하는 것은 또 다른 사회문제를 일으킬 수밖에 없다. 이 때문에 기존 생산의 고용체계에서 해고 또는 퇴직이라는 극단적 처방을 내려서는 안 된다. 더욱이 경제위기가 심화될 때에는 재취업의 가능성이 매우 희박해져 더 큰 위기를 만들 수 있다.

구조조정이 어쩔 수 없게 요구된다면, 그것은 서로의 고통분담 차원에서 일거리 나누기로 해결하는 것이 맞는 방법이다. 서로 십시일반하여 급료를 삭감하고, 그것으로 한 명의 고용이라도 늘려야 하며, 잔업이나 작업의 일부를 양보하여 한 사람의 실업이라도 막아야 한다. 그래야 그 사람의 소비성이 살아나고 그것으로 인해 유동성 위기가 더 이상 확산되지 않을 수 있다. 자신만이 살고 남은 명예 퇴직시키는, 퇴직에 의한 구조조정은 결국 자신도 죽을 수밖에 없다는 것을 알아야 한다.

기업의 체중감량이 필요하다

몸집 줄이기는 규모를 적게 축소한다는 의미이다. 몸집을 줄이면 몸의 전체를 일정 비율로 줄이는 것이다. 그러나 이때 실제 내장기관이나 아랫배는 줄어들지 않고 외형만 줄어든 경우에는 실제 몸에 필요한 열량이 크게 줄지 않고, 오히려 취약부분만 생겨 병치레하기가 쉽다. 사람에게 필요한 외적 유입량은 줄지 않고, 몸집만 줄이는 것은 기업에서도 사람과 마찬가지로 동일하게 적용된다.

위기에 처했을 때 몸집만을 줄이면 실제적으로 고용만 감소되나, 기업의 기타 필요 운영비나 관리비 등이 별로 줄지 않는다. 그래서 기업의 몸집을 줄여 위기에 대처한다는 것은 큰 효과가 없다. 오히려 몸집 줄이기 과정에서 감원된 인원들의 구매력까지 상실하여 기업의 필요 생산량까지 줄여야 되는 악순환에 빠질 수 있다. 그렇기 때문에 추후 위기가 해결되어 정상화될 때 조속한 대처가 어렵다.

더욱이 위기 후 회복이 진행될 때는 새로운 고용을 통해 인원을 충원해야 하는 문제점이 있다. 또한 그 인원의 재교육 과정에서 금전적, 시간적 손실이 발생되고 신속한 조처가 어려워, 위기의 대처 방법으로는 타당하지 못하다.

그에 반해서 체중 줄이기는 몸 전체에 불필요한 열량을 줄이기 위해 다이어트한다는 개념이다. 이는 내 몸의 상태에 따라 체중을 줄이기 위해 외부에서 몸으로 들어오는 영양 분량에 따라 몸에 적절하게 재분배하는 것이다. 이제까지 과식했던 영양 공급도 줄이고 몸의 체형도 다시 만들어 체중을 줄이는 것이다.

이것은 기업이 기존의 고용을 유지하면서 기업 외부의 수입에 따라 기업의 구성원에게 고르게 소득을 재분배하는 것이다. 또한 서로간의 양보에 의해 상생을 바탕으로 모두가 공존할 수 있도록 노력하는 것이며, 임금은 감액되지만 고용이 축소되지 않는 것이다. 이 때문에 소비가 크게 줄지 않아 생산성 또한 크게 줄지 않는다는 장점이 있다. 또한 이러한 방법은 후일 위기를 해결할 때 기존 고용이 살아있기 때문에 위기 후 기회를 재빨리 살릴 수 있는 좋은 방법이다. 그래서 기업의 구조조정을 통해 고용 축소로 몸집을 줄이기보다는 일자리 나눔을 통해 개개 구성원의 체중을 감량하는 것이 위기를 해결할 수 있는 가장 좋은 방법이다.

소비의 절제가 필요하다

소비는 경제 활동에서 최종적이며 가장 중요한 부분이다. 그래서 소비의 균형 있는 조절이 더욱 필요하다. 과거 1970년대 공업화와 산업화로 인해 석유연료가 과잉 소비되었고 정략적인 중동국가들의 감산조치로 인해 오일 쇼크를 맞았으며, 그 당시에 우리는 큰 경제적 어려움을 겪었다.

다행히 중동지역의 건설경기 붐으로 인해 오일 과소비가 대량건설로 전환되면서 자연스럽게 생산과 소비의 균형을 이루었고, 그래서 우리에게 닥쳤던 오일 쇼크에 의한 경제적 위기가 해소되었다. 그러나 앞으로 다가올 미래의 자원 고갈 위기는 소비의 절제를 통하지 않고는 해결이 되지 않을 것이다.

이러한 소비의 절제는 3가지 점에서 고려되어야 한다.

첫째는 재활용(Recycling)이다. 아껴 쓰고, 나눠 쓰고, 바꿔 쓰고, 다시 쓰는 절약의 지혜에서 찾아야 한다. 특히 화석연료는 2050년이면 전 세계적으로 고갈된다는 예측이 지배적이다. 그래서 화석연료 및 기타 자원으로 만들어진 공산품은 모두 재활용할 수 있도록 소비체계를 변화시켜야 한다.

둘째는 비축(Storage)이다. 특히 우리나라는 전혀 석유가 나지 않는 국가이기 때문에 석유의 지속적인 사용을 위해 비축 정책을 세워야 한다. 왜냐하면 산유국이 자신들의 석유가 고갈해 갈 때쯤이면 미리부터 산유량이나 수출량 등을 통제하여 돈을 주고도 석유를 구하지 못하는 경우가 생긴다. 그래서 이와 관련된 모든 산업이 급속히 쇠퇴하게 되어 우리 경제가 치명적인 타격을 받을 수 있다.

셋째는 대체(Substitution)이다. 국가의 지속적인 발전을 위해 화석연료의 자원 고갈은 경계되어야 할 상황이다. 특히 에너지용 연료로서의 화석연료는 절대적이기 때문에 우리 자체의 특성에 맞는 대체 에너지를 개발하고 활성화시켜야 한다. 또한 자원으로서의 화석연료에 대처할 수 있는 물질 개발이 시급하다. 이러한 소비체계의 변화와 개발이 소비의 절제와 병행해서 시행되어야 한다.

웰빙의 허상에서 깨어나라

웰빙이란 잘 먹고 잘 살겠다는 뜻이다. 그러나 우리의 노력 없이 얻는 그 어떠한 것도 '웰빙'이라 할 수 없다. 불로소득이 만연된 사회에서는 정직하고 올바른 근로행위를 찾기 어렵다. 오히려 사기나, 거짓이나 공갈이 횡횡하여 서로 믿을 수가 없기 때문에 결국 우리의 웰빙이라는 것도 또 다른 자기기만적 웰빙이다. 불로소득이 만연된 사회는 남을 속이면 쉽게 돈을 벌 수 있다는 사회적 의식이 팽배해져 있다. 그렇기 때문에 웰빙에 쓰이는 모든 것들은 서로 신뢰가 되지 않으며, 알게 모르게 서로를 기만하게 된다.

다시 말하면 내 자신이 불로소득에 의해 쉽게 돈을 버는데 남이라고 그렇게 안 할 것이라는 것은 어불성설이다. 내가 바른 노력에 의해 돈을 벌고 그것을 통해 수준에 맞는 적절한 웰빙을 찾을 때야만 비로소 남들도 나에게 믿음을 준다. 그리고 웰빙이 가능한 생활을 할 수 있도록 먹거리나 필요 물품에 도움을 준다.

내가 쉽게 돈을 벌어 흥청거리고 쓰는데 어느 누가 혼신의 힘을 다해 남의 웰빙에 노력해주고 정직한 적은 수입에 참고 견딜 것인가.

웰빙이란 자신이 열심히 사회를 위해 적은 수입에도 불구하고 노력한 만큼 얻어지는 사회의 선물이지 투기를 통해 얻어진 불로소득으로 부를 축적한 사람들이 누릴 수 있는 행복은 아니다. 더욱이 노력 없이 구하려고 기웃거린다고 구해지는 것은 더더욱 아니다.

우리가 진정한 웰빙을 하려면 지금과 같이 불로소득에 의한 부를 축적하지 말고 그렇게 부를 얻는다는 것을 부끄러워해야 하며, 건실한 노력에 의해 소득을 취하면 웰빙은 자동적으로 찾아온다.

사회의 고용을 촉진하라

국가와 기업의 고용 외에도 우리는 사회 고용을 들 수 있다. 사회 고용은 의사, 변호사 등의 전문가 집단을 제외하고 개인, 자영업자 및 일용직과 사회 고용 기업의 형태를 갖춘 고용이다. 이는 국가나 기업의 고용보다 독립성이 강하고 소득의 격차가 큰 것이 특징이나, 법으로 기득권이 보장된 전문가 집단을 제외하고는 다른 고용에 비해 불안정적인 것이 특징이다.

우리에게서 사회 고용이 필요한 것은 이러한 사회 고용의 주 대상자가 저소득층 또는 서민 계층이기 때문이다. 우리의 일상생활 속에서 본다면 생산을 유발하여 고용을 촉진할 수 있는 소비를 하는 것은 대부분

저소득층일 것이다. 오히려 상위 계층은 단순히 소비를 위한 소비와 향락적 과잉 소비에 치중하기 때문에 실제적 고용 촉진에는 별 도움이 되지 않는다. 기업이나 대기업의 경우는 전문성이 요구되므로 실제 고용인원은 제한적이다. 하지만 사회 고용은 교육이나 전문적인 기술이 없어도 가능하다.

우리가 위기를 헤어나가기 위해서는 고용과 생산성을 유발할 수 있는 소비가 절대적으로 필요하다. 그래서 서민을 위한 사회적 고용은 위기 해결의 한 방편이다.

스포츠, 연예, 방송 분야의 포퓰리즘을 없애라

우리 사회에서 자본주의와 유동성의 최대 수혜자는 방송 연예 분야이다. 이러한 분야는 결국 직접적인 생산성을 기대할 수 없고, 단지 정보전달과 오락이라는 간접적 기여와 스트레스 해소라는 피상적 기여에 일익을 담당하고 있다.

그러나 다른 측면에서 보면 사회에 시간과 노력의 낭비와 방만함을 키워주는 분야이기도 하다. TV, 라디오, 기타 등의 언론을 통해 우리는 중요한 정보를 얻고 있으며, 그러한 정보는 유용하다. 그러나 오락 프로그램, 기타 드라마 등의 유흥적인 요소를 가지고 있는 분야는 경제적인 측면에서 생산성을 따질 때, 실제로는 있어도 그만, 없어도 그만인 분야이다. 오히려 시간 죽이기의 일환으로 TV를 시청하거나 연예 분야를 접하는 경우가 더 많다.

더욱이 과도한 연예, 방송 분야의 고액 출연료 또한 잘못된 포퓰리즘의 온상이며, 유동성 과열의 불쏘시개 역할을 하고 있다. 다시 말하면 지금과 같은 유동성 위기에 문화와 연예 분야의 포퓰리즘이 일익을 담당했다는 것이다.

문화, 예술, 연예는 우리 사회의 조미료이다. 그러나 조미료가 정도를 지나치면 몸을 상하게 하듯 보다 위기의 시대에 건전한 유동성을 위하여 조미료 분야의 대대적인 구조조정이 필요하다. 또한 일부 스포츠 스타들의 천정부지로 치솟는 연봉이나 상금 그리고 일부 연예인의 개런티, 광고 수입 등이 조정되어야 한다. 그래서 사회의 다른 분야의 생산성 임금과 균형이 잡혀야 한다.

소비자의 의사가 반영되지 않은 광고의 수입과 은행 및 금융기관의 터무니없는 문화, 예술, 스포츠 분야의 후원금이 결국 소비자에게 전가되거나 예대상계의 이자율 속에서 우리도 모르게 착취되고 있는 것이다.

유동성 위기가 이러한 분야의 불로소득에 가까운 이윤 추구와 영업행위의 과열에 의해 영향을 받았으므로, 조속한 시간 내에 이러한 관행이 고쳐져야 한다. 그리고 사회적 조정이 이루어져야 위기 대처의 방법이 나올 것이다.

사회적 거품을 제거하라

유동성 위기의 본질은 미국식 금융 주도형 산업구조에서 파생되었으며, 월가를 중심으로 한 증권만능주의에서 시작하여 실물경제를 위축시켰다.

전 세계가 미국식 경제논리에 의한 유동성 거품으로 휘말렸고, 그 결

과 거품 속에 갇혀서 위기를 맞게 되었다. 이것이 IMF나 WTO 체계에서
는 해결이 안 된다. 왜냐하면 그들도 '그 나물에 그 밥'이기 때문이다. 그
래서 전 세계가 또 다른 경제논리에 의해 설립된 기관이 필요하며 경제
적 거품을 걷어내도록 동시에 노력해야 한다. 경제적 위축을 걱정해 거
품을 걷어내는 데 소홀해서는 안 된다.

사회적 거품은 어떠한 것인가. 우선 방송, 영화, 연예계의 과도한 개
런티를 들 수 있다. 이는 광고나 엔터테인먼트, 오락 등의 소비성 분야에
과도하게 설정된 모델료 및 광고료 등으로, 이것 또한 사회적 거품이다.
이러한 것은 결국 소비자에게 전가되어 있어 서민들은 자신도 모르게 돈
을 갈취당하고 있는 꼴이 된다.

스포츠 분야의 상금 및 고액 연봉 또한 사회적 거품이다. 예를 들어
자꾸만 높아져가는 골프 시합의 과도한 상금은 그것을 스폰서하고 있는
기관의 돈으로 지원되나, 결국은 스폰서하는 은행 및 기타 기업의 최종
소비자인 서민의 돈으로 처리하기 때문에 이 또한 사회적 거품이 아닐
수 없다.

사회적 거품의 또 다른 것은 부동산 거품이다. 부동산의 기본 가치는
지목, 효용성, 위치, 지형, 개발용도 등에 의해서 결정된다. 그런데 투기
로 인해 실제 가격보다 너무 높게 형성된 부동산 가격은 결국 불로소득
의 원천이 되어 사회의 생산성을 위축시키고 있다. 그래서 반드시 제거
되어야 할 거품 중 하나이다.

또 하나의 사회적 거품은 과대평가 되어지는 주식이다. 주식은 해당
주식회사의 영업실적이나 성과에 의해 결정되어야 하는데, 실제로는 투
기성 자금의 투입과 주가조작 등에 의해 주가가 결정되기 때문에 증권이

투기의 온상이 된다. 이러한 투기가 결국 증권시장의 견실성을 해치고 사회적 거품을 일으키고 있다.

미국발 유동성 위기는 이제까지 통용되어 왔던 미국적 경제논리에 의해 발생되고 진행되어 온 결과이다. 극단적 이기주의이며, 개인주의적이고 시장 방임적인 경제시스템 운영이 만들어준 위기이다. 그래서 위기의 해결을 위해서는 극단적인 이기주의와 불로소득을 당연시하는 경제 인식부터 바꾸어야 한다.

개인주의와 이기심에 의한 사회적 거품이 불로소득을 낳고, 불로소득이 배금주의를 낳으며, 배금주의가 물질만능주의를 낳아, 그 결과 우리는 경제적 위기를 맞을 수밖에 없었다. 그래서 우리는 유동성 위기를 해결하기 위해 우선 사회적 거품을 제거해야 한다.

'투기' 와 '투자' 를 구분하자

유동성 부분의 가장 중요한 명제는 '투자' 와 '투기' 이다. 투자는 자금 투입에 대한 건전한 수익을 얻기 위해 자금을 투입하는 것을 말한다. 즉, 주로 생산성 분야의 기업들이 생산과 판매를 통해 이익을 얻기 위해 출자하는 자금이 그에 해당된다. 이것은 기업의 투자가 주식에 기여한 가치만큼 이익을 내고 주가가 원칙에 따라 증가하여 소득을 낼 때에 해당된다.

투기는 생산성과 관계없이 원칙을 무시하고 인위적 조작을 통해 이득을 취하는 것이다. 지금의 유동성 위기는 원칙이 없는 투기 자금이 투자인 것처럼 포장되어 금융 산업 전반에 과열된 유동성을 키우기 때문이다.

유동성 위기의 또 다른 해결방법으로는 금융 산업 분야의 투기를 줄이고 투자를 늘리는 것이다. 다시 말하면 불로소득적 투기 행위를 규제하고 건전한 투자를 육성해야만 한다.

부동산 투기, 증권 투기, 펀드 투기 및 파생금융상품에 의한 투기 등이 유동성 과열에 직접적인 영향을 주었다. 그리고 그 과열로 인해 유동성 위기가 온 것이다. 그래서 더 이상 투기가 금융 산업 및 부동산, 증권 등에 나쁜 영향을 주지 못하게 하여야 한다. 특히 국제적 핫머니 및 헤지펀드 등은 전형적인 투기자금으로 주식시장의 불로소득을 조장하여 건전한 주식거래를 망치고 있다. 그러나 증권시장에서는 자신들의 이기적 활성화를 위해 그들을 허용하고 있다. 이것이 주식시장에 거품을 일으키는 주요인이 되고 있다.

또한 부동산시장은 금융기관의 무분별한 대출로 인해 투기가 조장되어 불로소득자를 양산하고, 그들의 교활한 술수에 의해 부동산 거품이 생겨 부동산시장도 과열하게 되었다. 금융 산업에 있어서는 파생금융상품을 개발해 자금이 생산성 기업 쪽으로 흐르지 못하고, 펀드, 카드, 캐피탈, 모기지론, 서브 프라임 모기지론과 같이 대출의 변형상품으로 흘러들어가 투기화되었다. 이것도 결국에는 금융 산업 자체에 거품을 일으켜서 과열하게 되었다.

이러한 투기성 자금들이 현재 미국을 중심으로 전 세계의 유동성 각 분야의 과열화를 유발하여 더 이상 어떻게 해볼 수 없는 상태의 위기에 봉착한 것이다. 이렇게 진행된 투기 과열에 대한 해결은 결자해지의 마음으로 투기를 통해 이득을 취한 사람들이 스스로가 책임을 지고 해결하지 않으면 안 된다.

은행의 기업 착취를 막자

은행은 금융 산업의 대표적 기업이다. 이것은 은행도 하나의 이윤을 추구하는 기업의 일종이라는 의미다. 그리고 은행이 또한 유동성을 장악하고 있다는 뜻이다. 돈의 흐름을 주도하며, 그 돈에서 이익을 창출하는 기업형태로서 순수한 생산성과는 거리가 멀다. 어떻게 보면 인류사회의 필요악적인 요소로 존재하고 있으나, 현대에 와서는 오히려 생산과 소비라는 틀 밖에서 혜택을 받고 있는 경제체계의 주도자가 되어 있다.

그러나 실제로는 아무 생산성도 없는 실물경제의 중개자로서 역할 이상의 그 아무것도 아니다. 은행의 역할이 이러할진대, 금융 산업의 총아인 은행이 생산성 산업의 착취 구도로 변질되어 있어 오히려 생산성의 위축을 가져왔다. 그리고 그것이 사회 전체에 악영향을 미치고 있다. 특히 은행 등의 금융 산업이 재테크라는 명목 하에 부동산, 증권, 펀드 등의 불로소득 쪽으로 유동성을 이용하였기 때문에 그 결과가 유동성 위기로 치달아 가게 되었다.

파생금융상품은 은행 및 투자은행 등이 금융상품에 대한 수익성을 키우기 위해 마련한 것들이다. 이러한 여러 가지 파생금융상품이 기업의 발목을 잡고 있어 이러한 금융상품 등에 대한 국가적 규제가 필요하다. 더욱이 은행은 중소기업의 외환 변동에 대한 취약한 점을 이용해 KIKO와 같은 기업 착취 상품을 만들어 가입을 강요했다. 그리고 결국에는 수출 기업들이 환율 상승으로 큰 손해를 보게 되었다.

우리나라의 중소기업은 자금 보유나 동원력이 부족하여 항상 은행의 신세를 져야 했기 때문에 은행에 대하여는 고개를 숙여야 할 판이다. 이러한 이유로 언제든지 은행이 자신에게 실익이 되는 금융상품을 개발하여 가입을 권하면 안 들어 줄 수 없게 되어 있다. 그래서 은행에 착취를 당하면서도 아무 말도 못하고 있는 것이다.

기업은 생산과 고용을 책임지고, 국가의 세금도 부담하고 있는 중요한 경제의 일원이다. 이러한 기업이 은행의 착취에 휘말려 도산을 하거나 파산을 한다면, 이는 명백한 국가적 손실이 아닐 수 없다. 모든 은행이 그렇게 하지는 않는다고 생각한다. 그러나 일부 은행이 그렇게 한다면 국가는 더 이상 이러한 행위를 방조해서는 안 된다.

기업의 고용을 촉진하라

기업의 고용은 생산과 소비가 유기적으로 원활하게 소통되어야 고용이 확대되고 지속적이 될 수 있다. 그러나 소비가 감소되면 그것은 생산의 재고를 늘리고, 생산을 위축시키고, 그 결과 고용이 감소된다. 그 후 비고용으로 인해 소비가 더 줄어들면서 고용은 더 축소된다.

이러한 이유 때문에 기업의 생산과 소비는 고용과 직결되어 있다. 그러나 이때 소비는 생산과 유동성이 뒷받침될 수 있는 소비가 돼야 한다. 그렇게 되지 않고 단순히 소비를 위한 소비는 생산이 필요 없기 때문에 고용에 도움이 되지 못한다. 그리고 일회성 소비에 그치므로 생산과 고용을 지속적으로 뒷받침해 주질 못한다. 그래서 소비를 위한 소비는 고용에 도움이 되지 못한다.

기업의 또 다른 고용 증진은 각 기업의 재투자로 인한 설비 확충과 그에 따른 고용확대이다. 이는 생산성을 키우고 고용을 확대하며, 소비를 자극해 또 다시 생산을 촉진하는 점에서 필요하다. 이때에는 유동성에서 재화를 끌어들여야 하므로 유동성의 절대적인 도움이 필요하다.

기업의 고용은 생산성 향상을 위한 것이다. 그러나 이것은 투자와 병행이 되어야 한다.

우리가 미래 사회를 위해 기업의 고용에서 고려해야 할 점은 노령자 고용이다. 또한 기업의 이익을 사회 고용에 돌려야 한다. 특히 대기업의 경우는 기업 존립 자체가 사회와 직결되어 있다. 또한 도로, 땅, 용수, 용전, 인적·물적 자원 등의 사회간접자본 등을 사용하는 과정에서 사회로부터 큰 혜택을 받고 있다. 더욱이 국민이 대기업 생산품에 대한 손쉬운 소비 대상이 되기 때문에 기업은 우리 사회를 떠나서는 존재할 수가 없다.

이러한 이유로 기업, 특히 대기업은 자신의 이익의 상당수를 서민 사회에 환원시켜야 한다. 지금과 같이 국가에 대한 의무적인 세금만 내고 나머지는 자신의 마음대로 써도 된다고 하는 것은 대다수의 국민과 위화감을 줄 수밖에 없다.

'자본주의 국가에서 자신의 것을 가지고 자기 맘대로 쓴다는데' 하며 강변할지 모르겠으나, 지금과 같이 모두의 잘못으로 위기가 찾아와 서로 고통을 받고 있을 때에는 상생의 정신으로 대기업도 고통을 분담해야 한다. 대기업의 고통분담은 사회에 돈을 지원하라는 의미가 아니라, 최대

능력껏 고용을 확대시키라는 의미이다.

위기의 딜레마를 해결해야 한다

유동성 위기의 원인이 불로소득 계층의 확산과 돈놀이에 있다면, 그에 대한 해결로는 경제구조를 건실한 근로소득체계로 바꿔야 한다. 그러나 잘못을 저질러 왔던 고액 불로소득자, 기득권층은 오히려 쉽게 빠져나가도록 정책적, 법적 배려가 되고, 저임 근로소득자와 서민은 주된 피해 대상자가 되었다.

소수의 기득권층은 아무리 경제가 어려워도 자신들이 축적해 놓은 재화를 통해 어려움이 없이 지낼 수 있다. 그리고 그들만이 가지고 있는 기득권과 법적 혜택을 통해 쉽게 어려운 시기를 넘길 수 있다. 그러나 대다수의 서민 계층은 자신들을 보호해줄 기득권도 없고 법적 혜택도 바랄 수 없다. 그렇기 때문에 피동적으로 위기를 맞아 스스로 헤쳐나가야 한다. 그래서 결국에는 모든 피해를 다 받고 어려움에 대한 고통을 감수해야만 한다.

위기를 만든 자들은 무책임하게 쉽게 지내고 피동적으로 당하는 자는 철저하게 고통을 받게 되는 것이 유동성 위기의 해결에 대한 딜레마이다.

상처가 속으로 곪았는데, 겉에 소독해 준다고 근원이 치료되는 것이 아니다. 일시적으로 통증을 감수하고서라도 상처를 가르고 곪은 부분을 도려내거나 짜낸 후에 약을 발라야 비로소 치료가 가능해진다. 상처의 원인을 정확하게 알면서도 째내는 고통을 받지 않기 위해서 임기응변적으로 미봉책만을 세운다면, 결국에는 상처만 만성화되어 치료가 불가능

해진다. 그리고 이 때문에 다음 단계에서는 상처의 확대와 더 큰 고통이
뒤따른다.

이것은 위기를 잘못 처리하면 더 큰 위기로 전환될 수 있다는 의미다.
그래서 우리 사회에서는 기득권층의 대폭적인 양보와 절대적인 고통분
담이 요구된다.

이러한 위기 해결에 대한 딜레마를 헤쳐나가려면 우선 우리 사회 최
상위 지도층이 자기희생적인 양보와 솔선수범을 보여줄 필요가 있다. 이
러한 것을 보여줘야 차상위 계층이 그 뒤를 따를 것이며 또 차차상위 계
층도 함께하게 되어, 종국에는 모두가 고통을 부담하는 국민적 총화도
기대할 수 있다.

서비스 분야의 거품을 줄이자

소비성을 갖는 유동성의 또 다른
분야로는 교육, 법무, 의료, 통신, 서비스 분야가 있다. 과열된 교육으로
인한 사교육비 증가와 고액 과외, 법률만능주의의 과도한 고소고발, 그
에 따른 인적, 물적, 금전적 낭비와 법조 비리, 용모와 형식주의에 치중
되어진 의료 분야의 불필요한 의료행위, 과장된 의료소비, 제약 회사의
병원 로비로 인한 약값 부담 증가, 젊은이의 핸드폰 과잉 사용으로 인한
전파 과소비, 통신 낭비 등의 불필요한 낭비와 부정한 방법으로 벌어들
인 불로소득이 우리 사회에 거품이 되어 유동성 위기에 일조한 것이다.

교육, 법무, 의료, 통신은 우리에게 필요불가결한 분야이다. 그러나
아무리 좋은 약도 오남용하면 몸에 독이 되듯이 이러한 분야에 거품을

일으켜 더 많은 이득을 취하거나 낭비를 유도하는 것은 결국 우리에게 해가 된다. 우리는 생산성 향상에 큰 영향을 미치는 과학기술 분야가 유동성 분야의 발달로 소외를 당하여 침체되는 것을 보았다. 과학기술 분야의 고도 기술을 가진 과학자나 기술자가 금융기관의 하위직보다 적은 연봉을 받고, 더 힘들고 어려운 일에 종사하고 있다. 그리고 그것이 무분별하게 방송을 통해 발표되는 웃지 못 할 일도 발생하였다. 이것은 이 사회가 정상적인 노력보다 비정상적인 불로소득을 지향하는 사회로 가고 있다는 것이다. 어찌했든 잘못된 것은 고쳐지기 마련이다. 불로소득으로 모든 것을 채울 수 없으며, 결국에는 정의가 이긴다는 것을 이번 유동성 위기에서 우리는 바라볼 수 있을 것이다.

우리가 과학과 기술의 개발을 통해 에너지의 소비를 줄이고 인류의 편의성을 높여주며 기타의 생산성을 키워주는 동안, 유동성과 소비 지향적 분야들은 방만해지고 과소비와 낭비로 사회를 멍들게 해왔다. 이제는 고쳐져야 한다. 더 큰 유동성 위기를 맞아 헤어 나오지 못하는 상황으로 가기 전에 절제와 부단한 노력으로 소비지향적 분야를 고치고 과학기술 분야의 생산성을 높여 유동성 위기를 해결할 수 있도록 해야겠다.

위기의 사회적 해법을 찾아야 한다

유동성 위기는 범세계적이다. 그래서 우리가 전 세계의 주요 국가들과 공조하여 유동성 위기에 대처하는 것도 중요하지만, 위기의 접근형식은 각 나라마다 다를 수밖에 없다. 그렇기 때문에 우리는 우리 방식대로 우리에게 무엇이 문제인가를 찾아 적절한 대처를 해야 한다. 그렇게 하려면 우선 우리가 다른 나라와 경제적 체계가 무엇이 다른가를 찾아야 한다. 유동성은 그 민족의 정신적 사고와 깊게 연관되어 있어 사회의식이 유동성에 영향을 준 것이 무엇인가를 찾아야 한다. 그리고 경제에 대한 국민의 의식 정도를 확인하고 위기를 해결하기 위해서 서로가 얼마나 양보할 수 있는지를 가늠해야 한다. 또 우리가 허리띠를 졸라맬 때 어느 정도까지를 인내할 수 있는가를 각 계층별로 확인할 필요가 있다.

이것을 근간으로 하여 위기를 해결하고자 할 때는 우선 소비를 진작시켜야 한다. 그러나 소비 진작은 과연 우리나라 사람들의 소비 패턴은 어떤 것이며, 어떠한 의식을 갖고 있는지에 대한 조사에서 시작해야 한다. 또 고용에 대해서는 고용이 중요한지와 급료가 중요한지, 왜 그러한지에 대한 의식조사가 필요하다. 그리고 어느 정도 상생을 위해 양보를 할 수 있는지를 확인해야 하며, 어떻게 해야 고용이 확대될 수 있는지도 알아야 한다. 또한 생산성에 있어서는 현시점에서 우리의 주력 산업인 자동차, 반도체, 철강, 조선, 플랜트, 건설 등 어느 분야에서 생산을 촉진하고 수출을 더 키우며, 어느 분야를 축소해야 하는지 연구가 되어야 한다. 더불어 내수 산업을 어떻게 키워야 할지에 대하여도 조사가 되어야 하며, 소비 진작을 위해서는 무엇이 필요한가를 알아야 한다. 유동성에 있어서는 유동성 위기의 근원이 무엇인지, 왜 유동성 위기까지 오도록 되었는지 그리고 부동산, 증권, 펀드에 대한 국민의식과 유동성 위기에 대해 어떻게 생각하는지가 조사되어야 한다. 그래야 이것을 이용해 위기에 대한 적절한 조치가 취해질 수 있다. 아울러 유동성 위기가 일어나기 전 우리의 경제 패턴은 어떠했는지를 비교하면 타당한 해결 방법을 찾을 수 있다.

국민의식을 개혁하자

위기의 해결에 반드시 전제해야 할 것은 유동성에 대한 의식 개혁이다. 이제까지 화폐 이외의 유동성을 구성하는 부동산, 증권, 펀드가 훌륭한 재테크의 수단이라는 사회의식 속에서 허용되어 왔다. 그렇다고 하더라도 이러한 분야에 투자를 하고 부를 축적한다는 것은 그 분야의 특성상 투기일 수밖에 없다. 또한 그렇게 해서 돈을 벌어들인다는 것은 불로소득을 얻기 위해 열심히 노력하는 것이다. 이렇게 해서 얻어지는 재산은 떳떳하지 못하다. 이것은 많은 사람이 동시에 패하는 도박 및 로또와 같아서 나의 주변에 있는 사람의 돈을 갈취하는 것이라는 것을 인식해야 한다. 그리고 결코 떳떳한 수입이 아니라는 것을 알아야 한다.

부동산 가격이 상승하여 재산이 증식되었다는 것은 결국 거품이다. 경제 발전과 같은 수준으로 증가된 재산만이 올바른 것이다. 그 외의 잉여부분은 거품으로, 그 거품이 걷히면 더욱 비참하게 반쪽 난 재산만이 남는다는 것을 알아야 한다.

증권 또한 주식회사가 주식시장을 통해 투자자금을 구한다는 점에서 정당하다. 그러나 액면가보다 터무니없이 증가된 주가는 거품이며, 그것을 통해 재산을 축적하는 것도 정당하지 못하다. 펀드의 경우도 마찬가지이다. 우리는 어떻게 외환위기를 당했는지에 대해 벌써 잊어버렸나 보다. 우리가 미국, 일본, 유럽 등의 선진국 헤지 펀드에 의해 외화 부족으로 외환위기를 당했다는 것을 재인식해야 한다. 그리고 우리도 똑같이 남의 나라에 펀드로 접근한다는 것은 '개구리 올챙이 적 생각을 못 한다'는 것과 무엇이 다를 것인가. 더더군다나 그것을 통해 부를 축적하려한다는 것은 남의 불행을 전제로 하여 자신의 행복을 취하려는 비열한 마음을 가졌다는 점에서 정당하지 못하다.

이와 같이 유동성이 변형된 불로소득의 재산 증식 방법이 한계효용에 도달해서 더 이상의 거품을 일궈내지 못했기 때문에 결국에는 위기가 닥쳐 올 것이다. 그래서 올바른 국민의식을 가져 투기에 대하여 자제하고 건전한 국민의식을 가지고 있던 초심으로 돌아가야 한다. 더 이상 노력 없이 돈만 가지고 얻어지는 불로소득에 변질되어서는 안 된다.

기업간 일거리 나누기를 하자

유동성 위기의 원인을 만든 금융권에서 오히려 생산부분의 기업들에게 구조조정을 심각하게 요구하고 있으며, 살생부라는 것을 만들어 강제 퇴출시키려고 하고 있다. 이것은 유동성 위기의 해결법이 아니다. 위기를 저질러놓은 금융권이 성실한 생산 기업에게 돈을 쥐고 있다는 명목 하에 멋대로 전횡하고 있는 것이다. 유동성 위기의 원인은 금융권이 파생상품, 부동산, 증권, 펀드 등의 불로소득을 부추기고 자신들도 쉽게 수익을 얻고자 하는 것에 의해서 발생했다. 그럼에도 불구하고 오히려 잘못의 결과를 생산 분야의 기업에게 돌려 책임을 떠맡기려 하고 있다. 이는 유동성 위기의 원인을 정확히 모르고 자신들이 피해를 받지 않게 해결하려는 데에서 나온 처사이다. 그러나 이것은 원인에 대한 적절한 처방이 아니기 때문에 위기 해결에 별 도움이 안될 것이다. 오히려 금융 산업 분야의 전반적인 개혁과 수술이 우선되어야한다. 또 다시 외환위기 때와 같이 자신들만 살기 위해서 경제의 다른 축인 생산 분야를 먼저 수술한다는 것은 잘못된 것이다.

기업은 생산의 주축이다. 이러한 생산은 고용을 낳고, 고용은 소비를낳아, 생산, 고용, 소비의 균형을 세우는 뼈대이다. 그래서 기업에게 노력을 요구하는 의미에서 그 뼈를 깎아 일부 수정하라는 것이면 모르지만, 기업을 퇴출시키는 것은 잘못된 것이다. 이같이 뼈를 깎지 않고 뼈를빼서 생산 실업 분야를 조정하겠다는 것은 그 사회의 경제체계를 크게손상시키는 것과 같다. 생산은 우리 몸을 지탱하는 골격이다. 소비는 우리 몸을 살리는 내장기관이며, 유동성은 우리 몸을 보호하는 피부근육에비유할 수 있다. 피부를 살리기 위해 골격을 망친다는 것은 어불성설이다.

기업은 생산과 고용, 소비를 아우르는 부분이므로, 뼈를 깎는 노력은요구해도 뼈를 제거하는 요구를 해서는 안 되는 이유가 여기에 있다. 그래서 금융기관은 기업을 퇴출시키는 것을 피하여 기업간 일거리 나누기를 주도해야 한다. 그리하여 어떤 기업도 퇴출시켜서는 안 된다. 우리가위기를 해결한 후에는 이러한 기업들이 우리의 경제를 다시 조속히 되살려줄 수 있는 첨병이기 때문이다.

또한 일거리 나누기가 중요한 이유는 일거리가 고용의 활성화를 위한근간이 되기 때문이다. 아무리 일자리 나누기를 하고 싶어도 일거리가없으면 무용지물이 된다. 그래서 국가는 일자리 창출도 중요하지만 기업간 일거리 나누기를 주도하여야 한다. 특히 대기업에 집중된 일거리를중소기업에 이양하도록 해야 하며, 중소기업의 영역을 침범하고 있는 소

규모 사업을 모두 중소기업에 되돌려 주도록 정책적 전환이 필요하다.

이와 같이 일거리 나누기를 통해 중소기업에 일감을 주어야 고용을 유지할 수 있는 일자리 나누기가 실효성이 있으며, 지금 우리에게 닥친 위기의 해결이 가능해진다.

상류층의 고통 나누기가 필요하다

유동성 위기는 사회 전반에 걸쳐 고통을 수반한다. 그러나 이러한 위기에 따른 고통은 공평하지 않다. 왜냐하면 고통의 주대상이 우리 사회의 중·하위 계층 서민들이며, 고통은 그들에게 더욱 심하고 장기적이기 때문이다. 그러나 상위 계층은 그동안 축적해 놓은 자산으로 큰 어려움 없이 지낼 수 있다. 더군다나 상황 여하에 따라서는 부족해진 유동성으로 인해 돈의 상대적 가치가 높아져 오히려 혜택을 받을 수가 있다.

과거의 외환위기 때에도 어려움에 고통받고, 삶을 비관하게 되고, 미래에 대해 불안에 떨던 계층은 주로 서민들이었다. 그 당시에도 상위 계층에 속하는 재벌, 고위공무원, 정치인들은 자신들의 기득권을 향유하며 더 잘살았던 것을 우리는 익히 알고 있다.

또 다시 닥쳐올 유동성 위기의 긴 터널은 우리 서민에게만 경제적 고통을 주고, 어렵고 힘든 시절을 맞게 할지도 모른다. 또한 위기를 해결하기 위해서 투입할 공적자금도 결국에는 상위 계층의 부를 축적하는 데에 도움을 줄 뿐이다. 그리고 서민에게는 빚으로 남게 되어 위기가 해결되어도 또 다른 경제적인 어려움을 겪게 될 것이다.

투입되는 공적자금은 기득권을 가진 상위 계층에서 자신들의 리스크를 해결하는 데 우선 쓰게 되고, 때에 따라서는 횡령하여 부를 축적하는 데 쓰기 쉽다. 그리고 그 과정에서 도덕적 해이가 만연할 수 있다. 그래서 공적자금 운영은 철저하게 관리되어야 하고, 투입 후에는 철저하게 책임을 물어야 한다. 그렇지 않으면 부정적으로 진행되어 결국 서민들이 모든 책임을 져야 하며, 그로 인한 빚은 후손들의 몫으로 남게 된다.

이 때문에 위기의 해결을 위해서는 지금부터라도 상위 계층이 고통을 나누기 위해 솔선수범해야 된다. 고통을 나누기 위해서는 그들의 수입을 상당부분 사회나 국가에 환원하도록 해야 하고, 소득도 삭감하여 많은 사람과 나누도록 해야 한다. 이러한 상위 계층의 고통을 나누는 솔선수범을 통해 사회적 상생 기조가 생길 수 있다. 그래야 비로소 위기의 해결방법이 만들어질 수 있다. 또 다시 공적자금이나 기득권에 의해서 생긴 자신의 수입을 자신만의 권리이고 자신의 소유라는 불로소득적 마음을 갖는다면 위기를 해결하기는 어려울 것이다. 그리고 결국에는 공멸의 길로 갈 수밖에 없다. 그래서 위기를 해결하기 위해서는 상위 계층의 소득 나누기의 솔선수범이 반드시 필요하다.

실업에 대비하자

유동성 위기가 실물경기에 미치는 절대적인 영향은 사회적 실업이 현저하게 증가한다는 점이다. 실업은 그 자체가 생산성이 감소하는 것도 있지만, 소비성도 위축시켜 결과적으로 경제적 위기를 더욱 심화시킨다.

이러한 실업은 계층적으로 청년실업과 중·장년실업 그리고 노년실업으로 구분할 수 있다. 이 중에서 가장 사회적으로 문제가 되는 것은 중·장년실업이다. 청년실업은 청년이 부모에게 의존하고 생활하기 때문에 실업에 대한 부담감이 크지 않다. 그리고 노년실업은 자식이나 국가의 보조 등에 의존하기 때문에 사회적 문제로서의 심각성은 상당히 완화되어 있다. 그러나 중·장년실업은 그 자체가 중·장년층의 사회적 역할이나 가족 내에서의 자식 교육 및 노인부양 등의 현실적 책임 때문에 실업으로 인해 오는 영향은 일파만파로 커질 수밖에 없다.

체력적으로도 계속 일을 할 수 있는 중·장년층이 실업으로 내몰리면 그로 인해 파생되는 사회문제는 전방위적이다. 개인적으로도 재기하기 어려운 상황에서 사회적 빈곤 계층으로 추락하기 때문에 문제의 심각성이 더 커진다.

중·장년실업으로 그들의 부양능력이 떨어지면, 결국 국가가 부담해야 한다. 중·장년층의 실업이 다른 연령층보다 훨씬 심각한 문제를 갖고 있기 때문에 이 연령층의 실업 해결법은 실업 자체보다는 좀 더 다른 해결법이 필요하다. 그 일례로는 구조조정의 경우만큼은 인적 조정이 아닌 연봉이나 급료 삭감을 통해 해결해야 한다. 청년층과 노년층의 실업 또한 인적 조정보다는 최저임금의 하향 조정과 대기업의 연봉을 하향시켜 다수를 채용하는 것으로 조정해야 한다. 다시 말하면 어떤 실업의 대상이라도 인적 조정보다 급여의 조정에 의해 해결법을 모색해야 하며, 청·노년층은 임시직이나 인턴 등 비정규직에 의해 취업을 유도해야 한다. 그리고 절대 부양자를 갖고 있거나 독거노인은 국가에서 정규 취업을 보장해서 직업의 안정을 유도해야 하며, 청년의 경우는 군복무기간을 3년 정도로 연장하는 것도 저임 고용의 한 방법이다.

위기에 순응하라

유동성 위기는 쉽게 끝나지 않는다. 오히려 계속적으로 진행되고 지속적인 고통을 주게 된다. '소나기는 피하라' 고 했다. 그러나 또 '가랑비에 속옷 젖는지 모른다' 고 하듯이 위기로 인한 고통이 오히려 우리도 모르게 조금씩 다가와 결국 우리를 헤어날 수 없게 만들지도 모른다. 그래서 이러한 고통은 우리를 참을 수 없게 하고, 더 나아가 끝없는 인내를 요구하게 된다.

유동성 위기에 대한 여러 가지 조치는 일시적으로 위기를 호전시킨 것처럼 보여질지 모르나, 모든 일에는 충분한 고통을 겪어야만 해결될 수 있다는 점을 간과해서는 안 된다. 어떻든 고통이 예정되어 있고 충분한 고통을 감당해내야 해결될 수 있다면, 그에 대한 순응이 필요하다.

위기에 순응하려면 첫째, 위기의 종류가 무엇인지를 정확히 알아야 한다. 둘째, 위기의 정도가 어느 수준인지를 파악해야 하며, 셋째, 위기 진행은 어떻게 전개될 것인가를 인식해야 하고, 넷째, 위기의 기회를 이용해야 한다. 위기에는 오히려 반전의 기회가 있다. 다섯째, 위기를 접해 매순간에 다가올 다음 위기를 대비하라. 여섯째, 위기의 가장 고통스러운 순간에는 참고 인내해야 한다. 일곱째, 위기의 탈출에는 정확한 방향 설정이 중요하다. 방향 설정은 올바른 선택에서 생겨나며, 진행과정에서 드러난다. 여덟째, 위기를 대처하기 위해서는 몸집을 가볍고 유연하게 만들어라(개인, 기업, 국가 모두). 아홉째, 에너지를 아끼고 상황에 집중해야 한다. 열 번째, 사회적 거품을 제거하라.

자금의 흐름을 알고 개인 자산의 현금성을 높여라

범세계적으로 기준금리를 제로 금리에 가깝게 인하하고 있다. 이것은 '남이 시장 간다니까, 거름지게 지고 따라 나선다'는 것과 같다. 각 국가마다 처해 있는 상황이 다르며 유동성 위기가 실물경제에까지 미치는 영향 정도가 다른데 너무 조급하게 따라하고 있다. 가장 못난 사람이 남이 하는 대로 따라하여 어리석은 결과를 만들고, 그 원인이 자신에게 있는 것을 모르는 것이다.

금리를 낮추면 초기 경기 부양효과는 있지만, 그 결과는 물가 상승과 인플레이션으로 가기 쉬우며, 실물 가치가 떨어지는 현상과 저축이 감소하여 은행의 유입자금 조절이 어렵게 된다. 그래서 국가가 대출을 활성화하여 자금의 흐름을 원활하게 하는 노림수와는 달리 목적에 역행할 수 있다. 이는 우리만 금리 인하를 하는 것이 아니라, 전 세계적으로 인하를

시키기 때문에 금리 인하에 대한 효과도 반감한다. 그래서 어떻게 보면 남들이 금리를 내릴 때 우리는 거꾸로 금리를 올려서 저축을 향상시키고, 불필요한 대출을 줄여서 내실을 기하는 것이 보다 좋은 방법이 될 수 있다.

범세계적인 유동성 위기는 미국을 중심으로 한 소비의 큰 축을 망가트리고, 이 소비의 축이 흔들리는 것으로 인해 우리와 같은 수출국은 생산된 물자를 팔아먹을 수 있는 나라가 없어지게 되어 과잉생산의 위기에 처하게 된다. 다시 말하면 미국이 겪는 것은 소비 위축으로 인한 유동성 위기이지만, 우리는 과잉생산에 의한 공황으로 변질되기 쉬운 유동성 위기이기 때문에 원인은 비슷해도 처방이 전혀 달라야 한다. 그래서 우리는 우리의 생산 능력을 계속 유지시켜 줄 큰 소비의 대상을 찾아야 하며, 잉여 생산으로 발생된 고용 불안을 해결하지 않고는 닥쳐올 위기를 해결하기 어렵다.

생산 과잉에 의한 소비 위축은 결국 개인이 보유하고 있는 현금의 문제이다. 자금의 흐름이 생산에서 고용으로, 고용에서 소비로 가는 과정에서 과잉생산을 해결할 현금의 확보가 결국에는 최후의 승자가 되기 때문에 개인적 입장에서는 부동산이나 증권, 펀드 등의 유가증권보다는 자산의 현금성을 높여 어려운 시기를 대비해야 한다.

부동산, 증권, 펀드에의 투자를 줄여라

20세기의 경제 패러다임은 금융 산업의 활성화와 돈의 가치 재창출이다. 이것에 부응하여 부동산의 가치가 재평가되고 개발이 활성화되었다. 그리고 파생금융상품 및 증권과 펀드 부분의 도약적인 발전을 이루어 이 분야들에 대한 고용과 국민 총생산에 대한 기여도가 커졌다. 이 때문에 우리는 부동산, 증권, 펀드에 대하여 잘못된 인식을 갖게 되었으며, 이것이 마치 재테크로서 재산 증식의 수단으로 합법적인 것처럼 여기게 되었다. 그러나 이것은 냉정히 말해 불로소득의 하나일 뿐이다.

우리가 남에게 사기나 도둑질해서 번 돈으로 아무리 선행을 하여도 그것은 선행이 될 수 없다. '병 주고 약 주는' 것 이상도 이하도 아니다. 불로소득해서 번 돈으로 선행을 한다고 해서 그것을 선행으로 생각하는 것은 잘못된 것이다.

또한 불로소득은 반드시 남의 노력을 착취해 자신의 것으로 만들기 때문에 언제까지 남을 기만해 지속할 수 있는 것이 아니다. 그럼에도 불구하고 사회 전체적으로 팽배해진 불로소득을 선호하는 의식이 우리를 병들게 하고, 결국에는 위기에 빠지게 만들었다.

그러나 우리는 잘못된 경제논리에 갇혀 무엇이 진실인지도 모른다. 시대가 만들어 놓은 부동산, 증권, 펀드에 의한 기만적 재테크가 너무 우리 생활 속에 깊이 파고 들어와서 쉽게 고치기 어렵게 되었다. 마치 악화가 양화를 몰아내고 자신이 주인인 양 자리를 차지하고 있어 쉽게 고쳐지기 어렵게 되어 있다. 또한 이것은 '거품이 진품' 인 양 행세하여 제거가 불가능하다. 우리는 이제까지 쉽게 노력 없이 부를 축적할 수 있는 이러한 방법에 대한 유혹을 떨쳐내기 어렵다. 더군다나 이 분야에서의 잘못된 생산성도 국민 총생산의 일부로 오랫동안 고려해온 점을 보아, 더더욱 그 뿌리를 잘라내 건실한 유동성을 확보하기는 첩첩산중처럼 갈 길이 멀다.

그러나 우리는 이러한 분야의 재테크가 투기이며, 합법적 사기 행위라는 것을 알고 반드시 고쳐야 할 것이다. 악화가 잘 통용된다고 해도 악화가 영원히 양화는 될 수 없다. 그것을 방임하는 것은 결국 사회 전체의 신뢰성을 깨트리고 큰 위기를 가져오게 되어 있다. 그래서 점진적으로 이 분야에 대한 규제를 강화하여 불로소득에 의한 재산 축적을 못하게 하여 건실한 경제구조를 만들어야 한다.

대출을 줄이고 저축을 늘려라

부동산 경기 활성화가 부동산을 통한 재산 취득의 길을 열어 주었다. 이것은 불로소득의 틈을 내어줌으로써 건설경기를 활성화시키려는 목적이었다. 그러나 부동산은 가격 자체가 크고 자금 동원이 쉽지 않기 때문에 어쩔 수 없이 은행의 대출을 이용할 수밖에 없다. 그것은 부동산과 은행 대출간 서로 상승작용을 일으켜 부동산 자체의 실물적 가치 증가 없이 부가가치만 상승시켜 집값이 천정부지로 뛰어 오르게 만들었다. 이것은 비단 우리나라만이 아니고 미국, 유럽 등 전 세계 국가가 유사한 전개과정을 거쳐 부동산 거품을 일으켰다. 결국 더 이상의 대출 부담을 이겨내지 못한 미국의 서민층에서부터 부동산 거품 붕괴가 일어나기 시작했으며, 이것이 파생금융상품의 변질과 함께 세계에 유동성 위기를 촉발하게 된 것이다.

금융권의 타격은 모기지론, 서브 프라임 모기지론 등의 파생상품과 투자 전문회사의 자금운용 잘못으로 인해 위기로 나타나게 되었다. 이러한 것은 모두 주택담보대출의 불량화로 인해 일어난 현상이다. 이러한 현상의 바탕에는 은행 등 금융권과 부동산 투기로 쉽게 부를 취득하려는 계층간의 야합이 있었으며, 결국 서로를 다치게 만들었다. 대출로 불로소득을 취하려고 하는 과정에서 부동산의 부가가치가 더 이상의 이익이 창출되지 않는 한계에 도달하게 되었다. 그래서 대출받은 사람은 더 이상 은행의 이자를 못 견디고 말았으며, 은행은 부실 대출로 변해버린 대출자금으로 인해 타격을 받고 말았다.

결국 이것이 부동산 거품을 꺼버리고 더 이상 불로소득에 의한 이익을 볼 수 없게 만들었기 때문에 오히려 가격 하락이 되었고, 그로 인해 신용경색으로 전환된 것이다.

대출이 은행의 주 업무라면 오히려 저축이 일반인들의 부의 취득을 위한 주류이므로, 오히려 대출을 줄이고 저축을 늘려서 점진적인 부를 축적해 나가는 것이 옳을 것이다. 그러나 대부분의 사람은 쉽게 노력 없이 부를 축적하기 위해 은행 대출을 통한 자금으로 부동산, 증권, 펀드 등의 투기에 참여하여 너도나도 돈을 벌려고 하였기 때문에 '소뿔 위에서의 싸움' 처럼 한정된 재화 속에서 자기 몫을 키우려다 유동성 위기를 확대시켰다. 그 결과 부메랑처럼 모두가 큰 피해를 받게 되었다.

3D 업종 및 저임노동에 대한 의식을 고쳐라

우리 사회는 이제까지 계속 발전지향적으로 성장해 왔다. 그래서 우리는 약간이라도 경제가 후퇴하거나 마이너스 성장을 하는 경우 매우 예민한 반응을 보인다. 경제나 경기의 후

퇴가 마치 모든 것을 잃게 되는 것인 양 느끼기 때문일 것이다. 그러나 과거의 역사 속에서 보아도 항상 인류의 생활은 발전만 해온 것이 아니다. 오히려 어떤 때는 그 이전보다 훨씬 퇴보되었던 경우도 많았다. 또 어느 왕권의 말기에는 심각한 경제적, 사회적 위기를 겪다가 왕권이 교체되면서 새로운 패러다임으로 국가의 경제적 흐름이 새롭게 전환된다. 그러면서 초기에는 어려움을 느끼나, 어느 정도 기간이 지나면 점차 나아져 가는 것을 역사를 통해 익히 보아왔다.

이렇듯 항상 위기는 다음 세대에 교훈이 되어 점차 좀 더 나아져 가는 역사적 흐름으로 보아, 이번의 유동성 위기도 위기를 기회로 보고 새로운 경제 패러다임을 창출해낼 좋은 기회로 삼아야 한다. 그러기 위해서는 이제까지 우리가 무엇을 잘못해 왔는지에 대한 반성이 필요하다.

우선 우리는 경제 발전만이 능사라는 생각을 버려야 한다. 잘못된 발전 의식 때문에 많은 것을 소홀히 하게 되고, 특히 노력해서 일하는 것을 천대하거나 하기 싫어하고 회피하는 사회적 의식이 고쳐져야 한다. 내가 하기 싫은 일은 과연 누가 할 것인가. 나만 편하고 쉽게 살면 된다는 마음이 사회에 팽배해져 있을 때 그 피해는 모두에게 갈 것이다.

쉽게 노력 없이 불로소득을 취하려는 마음가짐 때문에 정작 사회의 누군가가 해야 할 일들이 소홀히 처리되고 있다. 내가 하기 싫다고 외국인 근로자에게 맡겨진다면 결국에는 그들이 손을 뗄 때 우리 스스로가 그것을 해결할 수 없게 되는 경우도 생길 것이다. 그로 인해 우리 경제는 운영상 큰 어려움을 겪을 것이며, 로마의 게르만 용병처럼 그들이 우리 위에 군림하게 될지도 모른다.

언제부터 우리가 풍부한 경제적 혜택을 받고 살아왔다고 착각하는가.

불과 몇 십 년의 경제 성장으로 인해 약간의 국가 위상이 높아지고 여유가 좀 생겼다고 정작 우리가 해야 할 일을 남의 손에 맡겨 사회체계를 나태하게 한다는 것은 큰 잘못이다.

저임금을 경시하고 너도나도 높은 임금을 취하려 한다면 그 때문에 사회적 잠재실업이 증가하고 젊은 청년들은 부모에 의존해서 살아가게 된다. 또한 어렵고, 힘들고, 임금이 낮은 부분에 대해 너무 쉽게 생각하여 취업을 하려하지 않기 때문에 취업에 대한 사회 순기능이 마비가 되고 있다. 이것은 사회적 고용을 어렵게 하여 내수 소비를 위축시키며 또다른 경제적 난관에 부딪히게 한다. 고통과 노력 없이 얻어지는 것이 없고, 쉽게 온 것은 쉽게 간다는 것을 명심해야 한다.

자수성가와 같은 발전기의 마음을 갖자

자수성가란 우리나라 발전기인 1960~1970년대 통용되었던 말로서, 자기의 노력으로 열심히 일을 해서 일가를 이룬 것을 뜻한다. 그 당시에는 여러 분야에 입지전적인 인물이 소개되기도 하고, 사회적으로 칭송이 되기도 했던 명예로운 호칭이었다.

대표적으로 H그룹의 J회장, L회장 같은 사람들은 무일푼에서 시작하여 순전한 노력으로 자신의 기업과 재산을 축적하여 재벌이 되었다. 이것과 같이 그 당시에는 재산의 축적 방법이 자신의 땀과 성실한 노력으로 기업을 일으키고 저축을 통해 차근차근 재산을 축적해가는 방법 외에는 일반 서민이 자신의 재산을 증식할 수 없었다. 그렇기 때문에 사회 전체에 건전한 생산성과 근면 검소한 소비성이 가장 대표적인 경제논리였다.

그러나 1970년대 이후 부동산 개발 붐이 불면서부터 우리 사회는 부동산 투기에 의한 불로소득과 졸부들이 양산되었고, 그들이 치부하는 방법이나 씀씀이에 의해 사회의 건전성이 급격히 사라졌다.

더욱이 너도나도 불로소득과 일확천금을 얻기 위해 힘쓰는 과정에서 우리 사회의 경제논리는 뒤바뀌어졌다. 노력 없이 불로소득에 의해서도 잘 살 수 있다면, 누가 굳이 힘든 노동과 각고의 노력을 통하여 자신의 재산을 축적하려고 할 것이며, 누가 근검절약과 저축을 통해 차근차근 부를 축적해 나가려고 할 것인가 말이다.

과거 우리가 가지고 있었던 건실한 경제관과 자수성가가 정당한 재산 획득의 방법이라는 사회적 이념을 되살리지 못하고 부동산, 증권, 펀드 등의 투기나 도박, 복권, 로또에 의해 부를 축적하려고 한다면 우리는 위기를 해결하기 어려울 것이다.

위기의 근원인 미국도 우리와 크게 다르지 않다. 그들의 경제관을 우리가 배워 와서 그대로 적용하고 있기 때문에 '안에서 새는 바가지 밖에서는 안 샐 것인가' 와 같이 그들도 자수성가라는 사회적 덕목을 추가해야 자신들이 목적하는 위기의 해결에 대한 실마리가 잡힐 것이다.

무조건 취업하라

현재 우리가 겪고 있는 경제위기에서 가장 큰 문제는 고용의 축소이다. 유동성의 불안정이 생산과 소비를 감소시키고, 그 결과가 개개인의 삶을 지켜나갈 소득원이 되는 고용의 불안정을 가져오게 된다. 이러한 고용 불안정은 위기의 기간이 길어질수록 더욱 심각하게 될 수밖에 없다. 그래서 생활 자금의 축적 정도가 낮은 서민부터 어려움이 확산되게 된다. 이 때문에 지금과 같이 단기간에 치유되기 어려운 범세계적 위기에서는 살아남는 것이 최선의 방책이다.

이러한 어려운 시기의 살아남는 방법이란 최소의 소득이라도 확보하여야 한다. 그래야 비로소 살 길이 생기고 후일 더 큰 희망을 갖고 장래를 기약할 수 있게 된다. 그렇게 하려면 어떠한 직업이라도 좋다. 임금이 얼마라도 좋다. 실업자의 위치에서 벗어나 우선 무조건 취업해야 한다.

우리가 취업하기 꺼려했던 과거의 3D 업종도 마다하지 말아야 한다. 위기는 언젠가 어떠한 방법으로든 해결되기 마련이다. 위기의 시기가 지나가고 보다 전도양양한 시기가 도래했을 때에 이미 사회에서 도태되거나 좌절 속에서 헤어나지 못한다면 그러한 사람에게는 기회조차 주어지지 않는다.

허리띠를 졸라매고 부족하면 부족한 대로 고통을 인내하고 참고 견디면 좋은 미래가 올 수 있다는 것을 명심하고 견뎌야 한다. 이렇듯 견뎌야 하는 시기의 가장 좋은 방법은 무조건 취업하는 것이다.

위기를 너무 쉽게 보고 다른 길을 모색한다고 생각해서 명예퇴직을 해서는 안 된다. 지금의 위기는 과거 우리가 겪었던 외환위기와 전혀 다르다는 것을 명심해야 한다. 외환위기 때와 같이 요행수로 단기간에 해결될 것이라고 착각해서는 안 된다. 지금의 위기는 새로운 경제체계를 요구하는 시대의 변화에 의해 생긴 것이다. 그러므로 고통의 기간도 길고 그 영역도 전 세계적이며, 그 고통의 정도도 우리의 판단 범위를 넘어설 것으로 예측되기 때문에 단단한 마음의 준비가 필요하다. 그래서 고용의 영역을 벗어나 창업을 한다고 착각하여 무모한 짓을 하지 말아야 한다.

어쨌든 위기로 인해 고통을 받을 것이라면 무슨 일이라도 하여 그 고통의 정도를 최소화시켜야 한다. 후일을 기약하고 위기를 헤쳐나간 후에도 우리의 설자리를 찾겠다면, 자리에 연연하지 말고 무조건 취업해야 한다.

개인적 이기심과 가족주의에 집착하지 마라

가족은 소중하다. 그러나 소중한 가정이 잘 지켜지려면 그것을 보호하고 있는 사회가 먼저 안정되어야 한다. 우리가 겪는 경제위기는 국가 사회뿐 아니라 개인과 가정에도 직접 영향을 주어 심각한 어려움을 주고 있으며, 앞으로도 상당기간 지속적인 고통을 줄 것이다.

'입술이 망가지면 이가 시리다' 고 했다. 국가 사회가 위기에 처해 있는데, 어느 누구인들 위기에서 자유로울 것인가. 그러나 일부 계층의 사람들은 그렇게 생각하지 않는 것 같다. 오히려 위기를 기회로 착각하고 남들의 고통은 나의 행복이라는 비교 우위에서 자신과 가족의 영달을 위해 자신의 기득권을 이용하려는 것 같다.

유동성 위기도 하나의 경제 전쟁이다. 위기의 초기에는 각 국가들은 서로 협조도 하고, 지원도 하는 체계를 갖추어 상생을 위해 노력한다. 그러나 위기의 기간이 길어지면 자국의 생존을 위해 보호무역주의나 경제 착취에 나서게 된다. 우리는 이것에 대비하여야 한다.

이순신 장군께서 "살려고 하면 죽을 것이요, 죽으려고 하면 살 것이다"라고 말씀하셨듯이 우리도 위기에 임하는 자세를 되돌아 볼 필요가 있다. 여기서 장군의 말씀을 되짚어 보자. 우선 '살려고 하면 죽을 것'이란 무슨 뜻인가. 이것은 전쟁에 임하는 병사 개개인이 자신만 살려고 잔꾀를 부리면 모두가 죽는다는 의미이다. 다시 말하면 위기에 처했을 때는 개인과 가족주의적 이기심을 버리고 국가와 사회를 위해 죽기를 각오한 희생이 필요하다는 것이다. 또한 '죽으려고 하면 살 것이다'는 말을 바꾸면 '죽고자 마음먹고 싸우면 살 것이다'는 의미이며, 위기에 임하는 마음가짐을 뜻한다. 과연 죽고자 마음을 먹고 살리는 것은 무엇인가. 그것은 우리 사회와 국가를 의미한다. 혼자만 위기가 기회라고 생각하여 자신만의 영달을 위해 노력하는 것이 아니라, 상생을 위해 노력하면 모두가 살 수 있다는 의미이다.

개인이나 가족이 잘 되기를 바라고, 그것에 온갖 노력을 쏟는 것은 정당하고 지극히 당연한 일이다. 그러나 그것을 외적으로 발현하여 사회적 위화감을 주는 것은 현명하게 위기를 해결해 나가는 방법이 못 된다. 그래서 위기는 우리의 개인적인 이기심을 앞세워 해결하기보다는 상생하는 차원에서 접해야만 비로소 길이 열릴 수 있다.

미래를 위하여
무엇을 할 것인가

1. 경제의 새로운 패러다임을 찾자

〈기존 경제논리〉

〈새로운 경제논리를 찾자〉

2. 미래에 다가올 위기

〈경제위기 해결에 대해 바로보기〉

1. 경제의 새로운 패러다임을 찾자

과거의 경제논리

경제학의 원류는 유럽의 18세기부터 찾아볼 수 있다. 프랑스에서 시작한 중농주의는 중상주의와 대립되는 경제이론으로 농업생산을 통하여 국가의 부를 축적할 수 있다는 관점에서 농업만이 순수 잉여를 산출한다고 보았으며, 지금의 경제체계에서 보면 생산성을 강조한 경제논리라고 볼 수 있다.

이와 비슷한 시대에 아담 스미스에 의한 중상주의는, 부의 원천은 노동임을 강조하고 자국의 부를 축적하기 위해서는 상대국의 국력 희생의 대가가 필요하다고 했다. 그리고 국민 경제에 대한 국가의 규제를 키워야 한다는 관점에서 교역에 의해 국부를 창출한다고 보았으며, 이 또한 경제적인 관점에서 보면 생산과 소비의 중요성을 강조하고 있다. 국내시장을 확보하고 국외시장을 개척하여 교역을 활성화시키며, 이윤은 생산보다는 소비에 연결되는 유통 과정에서 생긴다는 경제논리이다.

중농주의가 생산성을 강조하였다면 중상주의는 생산과 소비를 연결하는 유통의 과정을 중요시했다. 그러나 그 시대까지는 아직 경제의 틀이 완성된 것은 아니다. 산업혁명 이후 초기 자본주의가 대두되었으며, 이때 비로소 경제체계의 3축인 생산, 소비, 유동성이 체계화되었다. 초기 자본주의는 시장경제 원리를 최대한 존중하여 정부의 개입을 최소화하고, 보이지 않는 손에 의한 경제활동의 자유를 부여했다. 이 시대에도 부에 대한 인간의 욕심은 극대화되어 계층 간 빈부격차와 노사갈등이 심해졌다. 그리고 사회주의, 공산주의의 대두로 경제 가치체계는 혼란한 상태였다. 그 후에 정부 개입의 적극화로 인한 수정자본주의 체계로 바뀌었다.

이렇듯 과거의 경제체계의 흐름을 보면 초기에는 생산이 경제의 주축이었다가 생산과 소비의 균형이 요구되는 경제논리로 바뀌고, 나중에는 생산, 소비, 유동성의 유기적 경제체계를 이루어가는 것으로 변화되었다.

현재의 경제논리

현재의 경제체계는 과거의 생산, 소비, 유동성의 상호 보완적 체계에서 유동성이 독자적이고 주도적으로 변해왔다. 더욱이 유동성이 강조되어 생산과 소비의 연결고리 없이 불로소득이 가능한 경제체계가 되었다. 다시 말하면 돈을 이용해서 돈을 벌 수 있다는 것이다. 특히 최근에 와서는 부동산, 증권, 펀드에 투자하여 소득을 얻는 것을 정당한 노력에 의해 소득을 얻는 것으로 착각하는 것이다.

그러나 이것들은 명백히 불로소득에 의해 부가 축적되는 것이다. 생산 부분은 과학기술화가 진행되면서 인간의 도움 없이 기계에 의한 대량생산이 가능하게 되었다. 그리고 컴퓨터 및 로봇에 의한 자동제어시스템 도입으로 고용이 최소화되었다. 그래서 기업은 고용 최소화를 통해 이익의 극대화를 꾀하고, 그 이익을 근간으로 기업이 발전했다. 이것은 고용을 희생하여 이루는 영광이다. 아이러니컬하게도 과학기술의 발달로 인한 대량생산은 사회의 고용에는 별 도움이 되지 않는다. 이 때문에 고용이 축소되고, 그 과정에서 항상 만성실업이 존재한다. 그리하여 소비가 더욱 위축되고, 극단적인 과학기술화로 인한 첨단화로 또 다른 과잉생산의 원인이 되어 고용을 더욱 수축시킨다.

또한 기업은 자신의 이익 중의 일부를 생산이나 실물경제에 투자하기보다 부동산에 투자해서 보유 자산을 키우고 있다. 그러나 보유 자산이 많아지는 것은 일종의 부동산을 통한 자산 증식이지 고용을 확대하여 소비를 진작시킬 수 있는 것은 아니다. 이렇듯 생산의 중요한 축인 기업이 고용을 줄여 얻은 이익을 자산증식에 치중하여 돈을 이용한 불로소득의 여지를 만들었다. 그리고 그것을 일부 계층이 독점하여 향유하기 때문에 서민 중심의 소비 분야가 편중되고 축소화되었다.

이것은 생산과 소비의 불균형뿐만 아니라 유동성의 편중현상을 유발하여 경제흐름 자체가 항상 불안정하게 되었다. 그리고 사회적 거품을 일으켜 생산과 건전한 소비를 위축시켰다.

생산과 소비와 유동성은 서로 유기적으로 살아 움직이며, 서로가 균형을 잡아줘야 경제 전체에 안정화를 기할 수 있다. 그런데 우리는 불로소득에 가까운 유동성만 키워 생산성에 대한 재투자를 꺼리게 했고, 더불어 소비를 위한 단순 소비 쪽으로 나아가게 되었다.

이러한 유동성의 편중현상에서 비롯한 고용 축소는 고용을 실제 생산성과는 관계가 없이 쉽게 일할 수 있는 단순 소비형 서비스업 쪽으로 치중되게 했다. 그로 인해 전체 경제의 흐름이 경제의 중요한 축인 생산으로부터 이탈되어졌다.

불로소득에 가까운 유동성이 경제흐름을 주도하는 과정에서 배금주의, 물질만능주의, 일확천금 등과 사회적 병폐현상이 만연하게 되었다. 이러한 사회적 병폐현상이 또 다시 불로소득에 의한 경제구조를 만들어 우리를 유동성 위기에 빠지게 만든 것이다.

노동과 노력에 의해서 삶을 영위할 수 있는 재화를 얻고 건전한 저축에 의해 재산을 증식하는 법을 경제 원칙으로 삼지 않는다면 유동성 위기는 해결이 어려울 것이다. 그래서 21세기에는 과거의 경제논리와 같이 성실한 노동과 건전한 노력에 의해 재산을 증식하는 새로운 경제원칙의 개발이 시급하다.

20세기의 경제논리는 불로소득이 일반화되고 돈에 의한 부가가치를 인정한 자본주의이다. 그리고 자본주의는 개인의 재산권을 인정하고 법을 위배하지 않는 한 자유스럽게 어떠한 방식으로라도 돈을 벌 수 있고 쓸 수 있는 것이 보장된 사회이다. 그러나 현재의 자본주의는 자유스러움의 도가 지나쳐서 자신만을 위한 탐욕에 사로잡혀 있다. 남이야 어떻게 되든 나만 잘 먹고 잘 살면 된다는 사고방식이 우리를 투기의 함정에

빠뜨렸으며, 그 결과가 위기로 나타난 것이다.

자본주의와 민주주의가 보장하는 자유는 방임이 아니다. 경제원칙상 돈을 벌려고 노력하고, 돈을 버는 것은 정당하다. 그러나 돈을 벌기 위해 무슨 방법을 쓰거나 무슨 짓을 해도 되는 것은 아니다. 그 방법에 있어서 정당성은 반드시 필요한 것이며 씀에 있어서도 절제가 필요한 것이다.

그래서 현재와 같이 불로소득이 만연되고 법으로도 용인되는 경제논리 아래서는 만인의 이기심으로 인한 투쟁이 일어날 수밖에 없다. 이 때문에 현재에 와서는 정상적인 경제논리는 사라지고 배금주의나 물질만능주의가 사회를 지배하게 된 것이다.

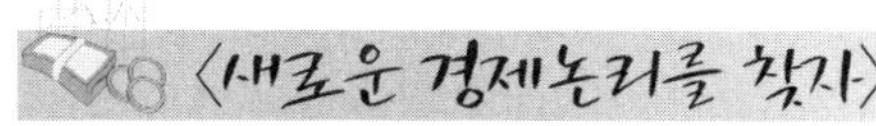

유동성 위기 대처의 오류

유동성 위기는 그 자체로 끝나는 것이 아니라 투자 감소로 인한 생산성 위축과 생산성 위기가 고용을 축소시키며, 고용이 감소되면 소비가 어려워져 소비를 줄어들게 하여 경제 전체에 위기로 전개된다.

이러한 유동성 위기는 유동성을 주도하는 금융 분야의 신뢰성 상실에서 시작된다. 이러한 신뢰성 상실은 부동산, 증권, 펀드 등의 불로소득이 가능한 분야가 불로소득을 할 수 있는 한계를 넘어 더 이상 부가가치 창출에 실패한 데서 기인한다. 또한 금융 산업이 부의 증진을 위한 새로운 생산성을 만들어 내지 못하고 파생상품이라는 다단계의 트릭에 빠져 모든 유동성을 망치기 때문에 생긴다. 그래서 유동성 위기는 위기 그 자체를 풀기 위해 손쉽게 공적자금 투입을 통해서 해결하려고 하는 것은 잘못된 것이다. 그것은 일시적 미봉책에 불과하며, 그 투입자금이 다시 금융 트릭에 빠져버리면 밑 빠진 독에 물 붓기밖에는 되지 않는다. 그래서 이러한 조처는 가장 올바른 해결책인 양 조급하게 시행해서는 안 된다. 왜냐하면 그 약효가 다한 다음에도 원초적인 해결이 안 된 경우, 그때 가서 쓸 카드가 없어져서 더욱 큰 위기에 빠질 수 있다.

그렇기 때문에 유동성 위기도 그 원인 제공자인 부동산, 증권, 펀드 등의 금융 산업 자체에 대폭적인 구조조정과 철저한 규제를 전제로 하여 시작되어야 한다. 그리고 사회 전체의 경제적 눈높이를 낮추고 나서 고용의 활성화를 꾀해야 한다.

우리가 갖는 사회적 불만은 자신과 같이 사회를 구성하고 있는 다른 구성원과 비교하여 갖게 되는 것이다. 구성원 서로가 대소를 비교하며 그것으로 행불행을 따지기 때문에 사회적 불만을 없애려면 공평해져야 한다. 우선 사회적 혜택과 기득권을 가진 사람들의 사회적 위상과 수입을 낮추어야 한다. 그리고 대기업의 직원은 대폭 늘려서 일자리 나누기를 하여야 한다. 이때 일자리 나누기는 두 가지 방법이 있다. 첫째는 근무시간 나누기요, 둘째는 월급 나누기이다.

경제의 건실도를 높여라

과거 20세기의 경제논리는 불로소

득을 통해 배금주의와 물질만능주의를 낳았으며, 그 결과 세기말적 유동성 위기를 가져왔다. 노력 없이 돈을 벌 수 있는 방법을 제시하고 불로소득으로 손쉽게 살아가는 계층들의 수가 늘어날수록 사회는 상호간 불신과 계층 간 격차가 심화되는 현상이 팽배해졌다.

자라나는 어린 청소년들은 쉽게 살 방법만 모색하게 되고, 아무 노력 없이 적당히 살게만 만들었다. 또 부모님만 잘 만나면 일생을 편히 먹고 살 수 있고, 살아가는 동안 요행수에 의해 횡재도 할 수 있으며, 그것으로 떵떵거리며 살아도 되는 것처럼 사회 구조를 만들어 놓았다. 덩달아 편히 쉽게 살아갈 수 있는 연예계와 스포츠 등에 삶의 목표를 두어 그런 분야가 오히려 추앙받는 기현상을 만들었다. 또한 자라나는 세대에 불로소득으로도 살아갈 수 있다는 것을 각인시켜 줘서, 결국에는 우리 후손들이 선조가 노력해서 이루어 놓은 모든 것을 망가트리게 교육시켜 왔다.

우리는 잘못된 경제논리에 의해 이러한 의식이 후손들에게 이어지게 하였기 때문에 후손들을 통해서 또 다른 위기를 맞을 수 있다. 더 나아가서는 건전한 노동을 무시하고 노력 없이 쉽게 살려는 사회구조가 가져오는 혹독한 시련을 앞으로 두고두고 받을 것이다.

더욱이 민주화가 되어가면서 국가는 의식적으로 국민의 호감을 사기 위해 정책적 포퓰리즘을 남발하였다. 그리고 이 또한 별 노력 없이 적당히 쉽게 사는 행태의 생활방식을 키우고 있다. 그러한 정책 결과로 나온 여러 가지 사회적 폐해는 매 순간순간을 자기 방종에 빠져 즉흥적이고 임기응변적으로 '신선놀음에 도끼자루 썩는지 모르고' 지내게 하고 있다. '썩어가는 도끼자루는 언젠가 자기 발등을 찍을 것' 이라는 것이 우리에게 나타난 유동성 위기이다.

또한 우리 사회의 일부 방송 연예계나 스포츠 분야에는 포퓰리즘과 배금주의, 물질만능주의 등의 온갖 사회악적인 요소들이 모여 있다. 자라나는 세대의 건실한 미래설계를 망치고, 노력 없이 쉽게 인기영합에 의해 사회적 혜택을 받는 계층을 양산하고 있다. 그리고 이것을 추종하는 세대가 우리의 다음 세대를 이을 것이다. 그때에는 누구도 힘든 일을 하려고 하지 않기 때문에 건실한 노력에 의해 보다 좋은 사회로 만들려 하지 않게 될 수도 있다. 그것이 우리 경제의 위기를 가져오는 또 다른 원인이 될 수 있다.

잘못된 경제논리와 배금주의

현대 사회의 가장 큰 병폐 중 하나는 배금주의와 물질만능주의이다. 우리의 경제체계에서 유동성의 독자적인 운영으로 인해 불노소득을 재테크라고 잘못 인식하고, 그것이 마치 하나의 덕목인 양 인식하고 있다. 그렇기 때문에 힘든 노동보다는 그저 편안하게 살려고 하는 사회의식이 팽배해 있다. 이러한 사회의식은 돈으로 돈을 만드는 투기적 사고와 맞아 떨어져 자금주의를 키웠고, 그 자금주의가 변질하여 돈을 숭배하는 배금주의로 발전되었다. 이렇듯 배금주의는 우리의 잘못된 경제운영에서 나온 변종으로, 결국에는 유동성 위기의 중요한 원인이 되었다.

더욱이 배금주의가 사회에 악영향을 끼친 것은 돈이면 무엇이든 다 된다는 사고방식과 인간의 가치를 돈으로 평가하고, 그것을 사회의 척도를 삼았기 때문이다. 이러한 배금주의가 '유전무죄 무전유죄' 라는 자학적 속어를 만들었듯 빈부격차를 통해 계층 간 위화감을 키웠다. 이러한 배금주의는 잘못된 경제논리에 의해 생긴 사고방식임에도 불구하고 오히려 돈이라는 매개체를 통하여 우월적 위치를 갖고 사회 전반에 큰 폐해를 끼치고 있다.

배금주의의 또 다른 병폐는 돈에 의한 사회지배보다는 돈을 어떻게 버느냐와 어떻게 쓰느냐에 대한 사회적 제약이나 절제가 없다는 점이다. 그래서 돈을 버는 방법에 대한 정당성도, 정직성도 요구되지 않아 우리 사회가 서로 신뢰하지 못하는 원인이 되고 있다. 또한 쓰는 방법에 있어서도 절제와 적절성이 지켜지지 않아 흥청망청하며 사회적 위화감을 주고 있다.

사회 속에 존재하는 돈의 총량은 정해져 있다. 그 돈을 어느 일부가 자신의 기득권과 혜택을 통해 많이 차지하게 된다면 그 나머지 사람들이 나머지 적은 양을 가지고 나누어야 한다. 그렇기 때문에 사회적 불공평이 생긴다. 이러한 배금주의가 정당한 경제논리에서 나온 것이라면 누구도 수긍할 수 있다. 그러나 배금주의는 불로소득과 연관되어 사회적 위화감을 주고 빈부격차를 만들며, 거품을 일으켜서 사회적 불만을 증폭시킨다. 이러한 배금주의는 정당하지 못한 불로소득의 관념에서 출발한 것이기 때문에 미래를 위하여 사회적 합의에 의해 제거되어야 할 사회의식이다.

과학혁명과 경제혁명

'과학혁명의 구조' 에서 토

마스 쿤(Thomas Kuhn)은 기존 정치제도가 그 사회에서 파생되는 여러 가지 문제를 해결할 수 없을 때 정치적 혁명이 일어나듯 과학에서도 혁명은 일어난다고 주장했다. 이것은 어떤 때의 과학자들이 자신들에게 봉착한 문제의 패러다임이 기존 방식으로 해결하기 어려워질 때는 혁신적인 과학자들이 새로운 패러다임을 들고 나와 그에 대한 해결책을 제시한다. 그런 후 신·구 패러다임 상호간 경쟁 상태를 지나 새로운 패러다임이 낡은 것을 대체하게 되는 것을 과학혁명이라고 한다. 이러한 진행은 사회 분야에서 이야기하는 변증법적 전개과정과 유사하다.

지금 우리는 유동성 위기라는 경제적 위기에 봉착해 있다. 다시 말하면 이제까지 우리가 신봉해온 자본주의를 바탕으로 20세기에 형성된 경제논리에 문제점이 생겼다는 이야기다. 이러한 문제점이 어디에서 나오든 그것은 경제의 낡은 패러다임에서 산출된 것은 틀림없는 사실이다.

아담 스미스(Adam Smith)의 '국부론'에서 시작된 고전경제학의 원류에서 1770년대 사회적 생산에 대한 노동의 역할을 주장한 것이 하나의 패러다임이라면, 2차 세계대전 이후의 경제논리인 노동이나 생산성 없이도 돈으로 돈의 부가가치 창출이 가능하다고 하는 새로운 경제체계를 만든 것이 또 다른 패러다임이다. 그러나 노동과 생산성 없이 불로소득으로 이루어지는 돈의 부가가치 창출은 결국 그 한계에 도달해 유동성 위기를 맞게 되었다.

이러한 유동성 위기는 이제까지의 경제적 문제와는 전혀 다른 형식으로 나타나 사회에 위기의식을 주어 새로운 가치체계를 요구하기 때문에, 우리는 새로운 경제 패러다임이 필요한 것이다.

우리는 역사 속에서 중요한 혁명을 겪어 왔다. 그 중 하나는 1789년

프랑스 대혁명이고 또 다른 하나는 1917년의 러시아 혁명이다. 이 두 가지 혁명의 공통점은 피압제 하에 있던 시민들이 빈부격차와 경제적 어려움으로 인해, 그 당시 지배계급에 반발하여 일어난 일종의 경제혁명이다.

더욱이 이러한 혁명은 약 100년 간격으로 일어나는 경향을 가지고 있다. 그렇기 때문에 이번과 같은 유동성 위기는 그 시기를 놓치면 안 된다. 위기의 본질적인 해결에 대한 시기를 놓치면 과거의 혁명과 같이 경제혁명으로 전환될 위험이 크기 때문에 더욱 심각하다.

경제논리에 새로움 패러다임을 세우자

현재의 경제논리는 중상주의 이후 미국 중심의 금융 산업 위주의 경제논리로, 교환가치를 가지고 있는 돈의 부가적 가치를 극대화시키는 노력에서 비롯했다.

그러나 모든 일은 한계가 있으며, 그 정도가 지나치면 역작용과 부작용이 나타나게 마련이다. 적절한 돈의 부가가치를 창출하고 그것을 통해 사회에 혜택이 부여되는 경제논리가 돼야 하는데, 정도를 지나쳐서 불로소득의 논리로 빠져 들어가게 되었다. 그래서 우리 사회에 배금주의와 물질만능주의의 잘못된 사고방식을 심어놓았고, 그로 인해 빈부격차 및 일확천금과 같은 사회악을 키워놓았다.

누구는 열심히 일해서 사회에 기여하면서도 간신히 입에 풀칠을 하며 살아가고, 누구는 돈을 가지고 돈놀이, 부동산 투기, 증권 투기, 사채놀이, 펀드, 금융운용 등의 방법으로 불로소득을 취해 떵떵거리며 살아간다. 이것은 명백한 사회 불합리이며 불공평이고, 이제는 고쳐져야 할 구

시대의 악습이다.

유동성 위기는 잘못된 경제논리에 빠져 사는 우리 현대사회에 주는 하나의 경종이다. '일하지 않고 노는 자는 먹지도 마라' 라는 교훈이 무색해진 현대사회는 돈놀이와 투기가 판치는 경제 악이 일반화된 사회이다. 누구도 노동과 고생을 통해 부를 취득하려고 하지 않는다.

쉽게 돈을 벌고, 노력 없이 이득을 취하며, 편안하게 살려는 것은 인간의 본성이다. 그러나 자연에서 우리가 교훈을 얻듯이 노력 없이 그저 먹으려는 사고방식은 재앙을 불러들이며, 결국 우리는 잘못된 경제논리에 의해 유동성 위기를 맞게 되었다. 이제는 돈의 지배에 의한 배금주의와 물질만능의 불로소득적 경제논리에서 벗어나야 한다. 그리고 보다 견실하고 서로가 노력하며 자수성가할 수 있도록 성실과 근면을 통해서만 부를 축적해야 한다. 더불어 그 혜택을 사회에 나누어야 하는 새로운 경제체계가 만들어져야 하며, 과거와는 다른 새로운 경제 패러다임을 설정해야 한다.

경제의 원칙으로 돌아가자

유동성은 화폐와 마찬가지로 인간의 사욕이 개입되면서 비정상적인 팽창을 해왔다. 그래서 자신의 본분인 정상적 유동성 역할보다 부의 축재나 돈놀이의 비정상적인 유동성만 키워왔다.

악화가 양화를 구축하듯 노동과 노력 없이 쉽게 돈으로 돈을 벌 수 있는 비정상적인 유동성은 당연히 정상적인 유동성을 몰아내 왔으며, 오히려 본말이 전도되는 지경에 이르렀다. 인간과 경제 주체간의 이기심이 키워온 비정상적인 유동성은 악화를 몰아내듯 이제는 배척을 해야 할 때가 온 것이다.

우리에게 닥쳐온 유동성 위기는 이제 더 이상 비정상적인 유동성을 우리 사회가 용납을 못한다는 뜻이다. 거짓과 허황됨이 오래 못 가듯 비정상적인 유동성도 그 한계에 도달한 것이다.

우리는 과거 악화를 몰아내서 새로운 양화의 시대를 열었듯이 또 다시 새로운 정상적인 유동성으로 돌아가야 한다. 그 돌아가는 법은 금화 둘레에 톱니를 두듯이 유동성에 한계를 부여하고 제약을 두어, 더 이상의 비정상 유동성으로 진행되지 않도록 조치하는 것이다. 다시 말하면 유동성이 자기 본분의 역할로 돌아가야 한다는 뜻이다.

과거의 유동성은 실물경제를 통해 존재하고, 생산과 소비를 촉진하고, 고용을 원활하게 하며, 부의 축적과 증진을 보조하였다. 이것은 마치 조강지처가 숨어서 내조를 하듯 유동성이 자신을 겉으로 드러내지 않고 경제를 위해 기여하고 노력했던 것이다. 그러나 지금은 '안에서 깨진 쪽박 밖에선들 안 깨지냐' 는 듯 자신이 겉으로 튀어나와 오히려 주인 행세를 하는 것이다.

바로 이것이 현재의 유동성이며 우리가 경제의 기본 원칙을 다시 세워야 할 이유이다. 그래서 이제까지 우리가 신봉해온 현대 경제학을 재검토해봐야 하며, 그에 따른 정당한 경제학이론을 다시 세워야 한다. 그리고 이것은 의식 있고 혁신적인 경제학자들의 몫이다.

재테크의 망상에서 벗어나자

우리에게 닥쳐온 위기는 20세기 후반의 경제논리와 운영의 잘못으로 인한 것이다. 경제논리의 변태가 결국 배금주의를 사회 전반적으로 확대시켰다. 그로 인해 인성을 근간으로 한 사회 철학을 무너뜨렸으며, 그 결과 돈에 대한 인간의 욕망과 투쟁을 촉발시켜 위기의 상황으로 인류를 내몰았다.

명백한 돈놀이임에도 불구하고 재테크라는 허울 좋은 명분 아래 '두 손으로 하늘을 가리고 모든 것을 보지 않는' 그러한 물질만능주의가 우리를 지배하고 있다. 이러한 물질만능주의가 우리의 가치체계를 망가트리고 앞으로의 인류의 영존에 큰 해악을 끼치게 되었다.

쉽게 노력 없이 돈을 벌고, 그것으로 혜택을 받으며 인생을 향유하려는 행위는 더 이상 용납되어서는 안 된다. 왜냐하면 유동성을 이용하여 부를 축적하고, 재테크한답시고 하는 행위는 엄연한 기만행위이다. 그레셤 법칙에서 언급한 바와 같이 '악화가 양화를 구축한다' 와 같다. 그러나 결국 인간은 자신의 삶을 바로잡기 위해 신뢰가 떨어진 악화를 버리고 다시 양화를 찾게 된다.

여러 개의 금화를 깎아 또 다른 악화인 금화를 만든다면, 결국 그 금화는 사회 속의 화폐로서의 가치를 잃을 수밖에 없다. 그래서 결국 신뢰가 떨어져 누구도 사용치 못하는 절대적 악화로 변할 수밖에 없다.

우리는 지금 부동산 투기, 증권 투기, 펀드 등의 금융 산업을 마치 재테크의 하나이며, 정당한 일인 것처럼 이야기한다. 그러나 이것은 앞서 이야기한 양화를 깎아 악화를 만드는 것이다. 또한 이러한 분야에서 활동하는 사람들은 마치 자신들이 새로운 재화를 창출하는 분야에서 밤낮을 가리지 않고 열심히 일한다고 생각한다. 이것 또한 열심히 노력하고, 고민하고 힘써서 양화를 깎아 악화를 만드는 행위와 별반 다를 것이 없다. 그리고 새로운 부가가치를 창출했다고 하는 것도 양화의 둘레를 깎아 또 다른 금화(악화)를 만들어 그 이득을 취하고 있는 것과 같다. 다시 말하면 배금주의나 물질만능주의의 추악한 탈 속에서 사회를 기만하고 선량한 근로자들에게 사기를 치는 행위일 뿐이다.

왜 자신들의 행위가 정당한 경제행위라고 생각하는가. 아무 노력 없이 불로소득에 의해 편히 먹고 살려는 행위는 베짱이와 같이 사회에 기생해서 살 수밖에 없다. 그래서 우리 사회의 한 쪽에서 생각하고 있는 '개미와 배짱이'의 잘못된 평가 또한 이번 기회에 바로잡아야 한다. '일하지 않으면 먹지도 말라'는 인류의 가장 오랜 경험에서 나온 삶의 철학이다. 왜 불로소득에 의해 혜택받고 살면서 사회적 대우를 받으려 하는가. 이러한 불로소득자들로 인해 결국 우리 인류는 범세계적으로 유동성 위기를 맞고 있다. 그리고 이는 근본 원인을 제거하기 전에는 해결이 되지 않는다.

우리에게 닥쳐온 위기감을 왜 인식하지 않는가. 쉽게 임기응변으로 해결하려다 보면, 결국 그 고통은 더욱 깊고 심각하게 지속될 것이다. 유동성 위기의 해결은 사회적 악화를 제거하고 사회적 양화를 유통시켜 유동성의 사회적 신뢰를 다시 형성시키는 것이다.

그러나 어떻게 악화를 제거할 것인가는 가장 큰 문제이며 해결이 어렵다. 악화를 제거하려면 악화 자체의 유통을 금지하고 실물 가치로 회수하여 국가가 양화로 재제(再製)도 하여야 한다. 다만 이번에는 새로운 금화의 주변에 톱니를 설치하고 톱니가 없어진 금화는 유통이 불가능하게 규정하면 된다. 이와 같이 유동성 위기 또한 우선 부동산 분야, 증권 분야의 거품을 제거하고 금융 분야의 본래 자기의 본분인 생산과 소비의 연결고리로서 교환 역할을 다 할 수 있도록 해야 한다. 그리고 국가의 통제가 보다 철저해야 하며, 유동성을 통해 재테크를 한다는 것은 사회 기만행위임을 모두가 인식해야 한다. 또한 불로소득에 의해 공짜로 먹고사는 사회의식을 개편해야 한다. 덧붙여서 사회의 각 분야에 대한 새로운 가치 기준과 패러다임을 세워야 한다.

불로소득이 모든 위기의 원인이며, 그로 인해 팽배해진 배금주의 또한 물질만능주의자의 사회적 기만과 허장성세임을 알아야 한다.

부동산 소유를 규제하라

부동산은 우리가 자산의 증식 대상으로 운영하는 가장 보편적인 것이다. 주식과 금융, 저축 등에 비하여 안정적이나 현금으로 전환하는 환금성이 부족하여, 때에 따라서는 자금이 묶이는 것이 단점이다. 그래서 부동산은 이러한 환금성 부족 때문에 유동성 위기의 단계에서 운용해야 할 자금이 잘 소통이 되지 않게 되는 경향이 있다. 그리고 그로 인해 자금 부족의 원인이 되어 경제적 어려움을 겪을 수 있다. 이러한 이유 때문에 위기 때 부동산은 자산으로의 보유 가치가 떨어진다. 또한 화폐 이외의 유동성 자산 중에서 부동산은 금액의 단위가 크다. 그렇기 때문에 위기 때 원활한 통화의 유통에 방해가 되어 결국에는 유동성 위기를 가중시킨다. 미국을 중심으로 발생된 유동성 위기가 주택담보대출 부실에서 시작된 것도 같은 이유이다. 주택경기가 좋을 때 주택은 투자수단으로서 주택가격 상승으로 인한 재산증식 수단으로서 훌륭한 자산이다. 그리고 유동성 문제에서도 부동산의 거래가 원활하다면 그로 인해 화폐 총 통화량을 늘리지 않고 부동산이 화폐 구실을 하여 총 통화의 유통에 기여를 할 수 있었다. 그러나 부실 대출로 그 반대의 경우가 생겨 오히려 원활하게 소통하던 통화의 유통을 막아 유동성 위기로 전환되는 1차적 원인이 된 것이다. 이렇듯 부동산은 그 거래가 원활한 때와 부동산 가격이 오를 가능성이 있을 때 그리고 재산증식의 가능성이 클 때는 유동성에 도움이 된다. 그러나 상대적으로 부동산의 가치 하락이 예상되고 재산증식의 가능성이 없을 때에는 위기를 유발시키는 요인이 된다. 그래서 이것이 다른 유동성 분야에까지 영향을 미친다. 이러한 이유 때문에 유동성 위기의 첫 번째 해결책은 우선 부동산의 교환성을 키워줘야 하는 것이다. 그리고 그것을 통해 통화에 도움이 되도록 조치하여야 한다. 그러나 단순히 포퓰리즘을 얻기 위해 경기를 부양시키는 경우는 쉽게 다시 어려움에 봉착하게 되어 부동산 경기 부양 자체는 큰 효과를 볼 수 없다. 그래서 국가가 부동산에 대하여 취할 방법은 부동산 가격이 투기에 의해 오르지 않도록 조치하면서 환금성이 쉽도록 취득세나 양도소득세를 적절한 수준으로 낮추어야 한다. 그래서 부동산도 통화의 일부로서 역할을 할 수 있도록 하여야 한다. 부동산이 투기화하지 못하도록 하려면 양화를 만들 때 금화에 톱니를 설치하듯 국가가 가격을 통제하여 초기 분양가 기준으로 어느 이상 못 오르도록 한다. 그리고 투기의 온상인 1가구 다주택을 소유 못하게 하여 불필요한 가수요를 억제해야 한다. 또한 모두가 이해할 수 있는 범위 내에서 공평한 주택

소유의 원칙을 세워 국가의 주도 하에 소득과 가족 수와 직업을 기준으로 규모를 제한해야 한다.

환율제도를 고쳐라

지금의 우리 환율제도는 경제대국인 미국이나 유럽의 선진국의 강요에 의해 자유변동환율제도를 택하고 있다. 자유변동환율은 시시각각 환율시장에서의 달러 수요와 공급에 따라 변하는 것이다. 이것은 결국 우리의 외환시장에 미국을 위시한 선진국의 헤지 펀드가 개입할 여지를 주고 있다. 그들은 외국인 투자라는 명목으로 주식에 공격적으로 투기하였다가 일정 이익을 챙기고 빠져나갈 때는 달러로 전환하는 방법을 써서 환율을 불안정하게 만든다.

이들이 주식과 외환에 개입하여 주가는 떨어지고, 환율은 오르게 하는 중요한 역할을 하고 있다. 우선 주가를 올려놓으면서 달러 환율은 떨어지게 하고, 그 다음에는 주식에서 자금을 이탈시켜 달러를 매입한다. 그러면 주가는 떨어지고 환율은 오르게 된다. 그래서 결국 어쩔 수 없이 국가는 환율 방어를 위해 보유한 달러를 시장에 풀게 되는 악순환에 빠질 수밖에 없다. 바로 이것에 대한 주요인이 변동환율제도 때문이다. 바로 그에 대한 폐해로 우리는 과거에 외환위기를 겪은 적이 있다. 이것을 선진국은 중·후진국 경제 착취수단으로 이용하고 있다.

선진국에서 시작된 유동성 위기가 우리에게 직접적이고 심각하게 다가올 수 있는 여러 가지 원인 중의 하나가 현재의 변동환율제 때문이다. 그래서 지금의 변동환율제는 6개월에서 1년 동안의 일정기간 환율이 고정되는 기간제 변동환율제나 3~5년 장기간 고정환율제로 전환하여 유동성 위기의 원인 중 하나를 막아야 우리에게 닥친 위기를 해결할 수 있다.

만일 변동환율을 계속 유지하려면 내국인들에게도 달러 매입과 매도를 자유롭게 하여 달러 저축을 활성화시켜야 한다. 또한 사고파는 과정에서 발생되는 수수료를 없애야 하며, 외환거래도 자유롭게 풀어 외국의 헤지 펀드나 외환 딜러들의 망동을 부분적이나마 줄여주어야 한다. 그리고 내국인의 거래는 국가 통제 하에 필요 불급한 달러송금을 제외하고는 저축성만 인정하여야 한다. 여기서 개별 저축기간은 6개월에서 1년간 의무 보유하도록 하면 내국인의 환투기를 막을 수 있다.

배금주의를 배격하자

배금주의는 말 그대로 돈을 숭배한다는 뜻이다. 물론 돈은 우리 생활에 절대 필요불가결한 것이다. 그러나 우리 사회는 돈에 의해 무엇이든지 다 해결하려고 하고 있고, 실제로 돈이면 해결 안 되는 일도 별로 없는 것 같다. 그래서 사람들이 너도나도 돈을 벌거나 구하기 위해 혈안이 되어 남을 속이거나 기만하는 것도 서슴지 않는다. 이러한 것 때문에 인간 사회가 서로 간에 경쟁을 하고 싸우기도 하는 생존경쟁의 아수라장이 되는 것이다. 돈을 구하기 위해 경쟁하는 것은 좋다. 그러나 모두가 노력 없이 쉽게 돈을 벌려고 하는 것이 문제이다. 더군다나 우리 사회에 퍼져있는 돈의 총량은 일정한데, 이것 중 어느 누군가가 많이 취하면 나머지 사람들은 그 나머지로 나누어야 하기 때문에 빈부격차가 심해지는 것이다.

'개같이 벌어서 정승같이 쓰랬다.' 그러나 개같이 벌어도, 정승같이 써도 안 된다. 물론 자본주의는 사유재산을 인정하기 때문에 누가 많은 재산을 가지고 있든지 상관치 않고 소유한 것은 보호해준다. 그러나 그 버는 방법이 지금과 같이 방법에 있어서 정당성을 잃어서는 안 된다. 그리고 사회에서 부여해준 기득권을 이용하여 자기만의 부를 축재하려고 하면 그것으로 인한 사회적 폐해가 한없이 커진다. 누구든지 자기 욕심껏 열심히 일해서 돈을 버는 것은 문제가 될 것이 없다. 그러나 지금의 사회는 건실하게 돈을 버는 것보다 부동산 투기, 증권 투기, 펀드 등으로 불로소득을 취하려 하기 때문에 문제인 것이다. 더욱이 배금주의와 맞물려 사회적 거품을 일으키고 그것을 이용해 부를 축적하는 비정상적인 물질만능주의와 배금주의가 판을 치기 때문에, 이것이 유동성 위기의 한 원인이 되고 있다. 그리고 불로소득을 위한 투기와 함께 어우러져 위기를 심각한 상태로 몰고 가고 있다. 그래서 우리 사회 속에 팽배해진 배금주의를 몰아내지 않고는 유동성 위기를 해결하기 어려울 것이다.

실용 자본주의로 나아가자

기존의 자본주의는 허울만 자본주의이지 실제적으로는 비생산적 불로자본주의이다. 자본이란 상품을 만드는 데 필요한 생산수단이나 노동을 뜻한다. 다시 말하면 자본은 생산성이 전제되어야 한다는 것이고, 생산이 전제되지 않는 자본은 자금일 뿐이다.

그러나 현재의 자본주의라고 하는 것은 부동산, 증권, 펀드 등이 주축이 된 자본주의다. 명백히 따지면 부동산, 증권, 펀드는 자본이 아니다. 누가 부동산 자본이라 하고, 증권 자본 혹은 펀드 자본이라고 하는가. 이것들은 모두 자금일 뿐이다. 그런데도 자본주의의 원류인 양 생산에 기여하는 자본처럼 행세하고 있다. 그래서 불로자본주의는 자본주의라고 하기보다는 자금주의라고 하는 것이 타당하다.

자금은 자본이 아니다. 자금이 자본이 되려면 생산에 기여해야 한다. 그러하지 못한 자금은 단순 자금일 뿐이다. 지금과 같이 자금에 의해 경제가 운용되는 사회는 자금주의 사회이다. 이러한 자금주의 사회는 배금주의화된 비생산적인 자본주의 사회이다. 다시 말해서 자본으로 흐르지 않는 자금들이 유동성만 강조되어 생산에 전혀 기여하지 않고도 돈을 이용하여 돈을 벌 수 있도록 되어 있다. 이것은 비정상적인 자본주의이다. 또한 불로자본주의라고 할 수 있다.

이러한 비정상적인 불로자본주의가 지금의 유동성 위기를 만들어 놓은 원흉이라고 볼 수 있다. 그래서 우리는 실제적 자본주의로 되돌아가야 한다. 이래서 필요한 것이 실용 자본주의이다.

실용 자본주의란 실용주의 철학을 바탕으로 자본주의의 원칙을 다시 세워 배금주의나 물질만능주의의 폐해를 막고, 유동성 위기를 해결하도록 하는 것이다. 다시 말하면 실용주의의 바탕 위에 적절한 자본주의 철학을 세우는 것이다.

이러한 실용 자본주의는 합리성과 효율성이 적용되는 자본주의이다. 또한 자본의 근간이 생산에 있기 때문에 생산의 합리성과 효율성이 우선되어야 한다는 의미이다. 자본화될 금융자산 및 자금은 유동성의 원활화를 위해 필요한 것이다. 그래서 자기 본연의 역할인 예금대출 등의 단순한 역할로 전환되어 공공의 이익이 되도록 집행되어야 한다. 그리고 그에 따라 복잡한 난마(亂麻)처럼 엉켜진 파생금융상품, 펀드 등은 재정리되어야 한다.

더욱이 실용 자본주의는 자본의 과학적, 기술적 운영이 되도록 하며, 자본주의가 한탕주의나 물질만능적 배금주의에 빠지지 않도록 근검을 덕목으로 재무장되어야 한다. 또한 자본주의 과열화를 막기 위해서는 중용적 자본주의 경제논리가 도입되어야 한다.

중용적 경제논리란 중용의 본뜻이 '과하지도, 불급하지도 않는 상태'라는 의미처럼 경제의 흐름이 생산과 소비 및 유동성의 3요소가 서로 균형을 잡아야 한다. 그리고 어느 것이 과잉으로 흐르고, 어느 것이 독자적으로 운영되거나 하지 않도록 경제이론을 재정립하는 것이다. 마치 시장원리에 놔두는 것이 적절하다고 생각하여 시장논리를 세우고, 그에 맹종하고 있는 것은 잘못된 것이다. 시장원리 자체가 인간의 욕망과 결합하여 아전인수식으로 흐르기 때문에 오히려 경제흐름에서도 독이 된다. 넘쳐나지도, 부족하지도 않게 경제나 부가 어느 계층에 집중되지 않게 하여, 빈부격차도 줄이고 고용도 원활하게 될 수 있어야 한다. 그렇게 되도록 국가가 적극적으로 개입하여 실용적이고 중용적인 자본주의가 시행될 수 있도록 되어야 유동성 위기를 해결할 수 있으며, 더 나은 미래의 경제 발전을 향해 나아갈 수 있을 것이다.

2. 미래에 다가올 위기

미래의 위기

1930년대 생산성 위기, 1970년대 소비성 위기, 2010년대 유동성 위기는 모두 약 40년의 간격을 두고 일어난 경제위기다. 그러나 앞으로 40년 후인 2050년에는 석유, 가스 등의 화석연료 고갈과 재생 불가능한 자원의 남발로 인한 자원 고갈이 우리 인류 문명의 과학적 진화에 최대 걸림돌이 될 것이다.

현재의 노령화 대책으로 인한 인구 증가와 지구 온난화 및 자원 에너지 등의 과소비로 인한 자원 고갈은 우리에게 또 다른 위기를 예고하고 있다. 이제까지 문명의 이기로 편의성과 편리함을 주었던 전기 및 전자 기기들이 사용 불가능하게 되면 2050년을 정점으로 우리가 이루었던 문명 자체가 퇴화할지도 모른다.

우리가 지금 유동성 위기를 겪고 있는 것은 그동안 여러 차례의 위기

징후를 무시했기 때문이다. 이렇듯 우리는 위기의 징후를 무시하고 우리가 좋을 대로 행동하고 교만에 차서 행동했기 때문에 위기를 피할 수가 없었다. 앞으로 다가올 자원 고갈 위기도 이미 우리에게 여러 각도로 경고음을 보내고 있는지도 모른다. 하지만 우리가 무시하고 있는 것은 아닐까.

지금의 추세로 보면 약 40년 후인 2050년쯤은 자원 고갈 위기와 지구 온난화로 인한 지구 황폐화가 다가올 것 같다. 우선 자원에서는 화석연료인 석유가 경제성이 없는 부분을 제외하고는 고갈될 것이며, 이로 인해 화석연료를 통해 이루어졌던 중화학공업 및 식량의 생산성이 현저하게 떨어질 것이다. 그리고 첨단과학의 기반 재료가 부족하여 새로운 과학기술의 개발이 저하될 것이다. 우리가 앞으로 40년 동안 화석연료의 대체 에너지를 개발하고 상용화시키지 못하면 오히려 원시사회로 유턴하는 현상까지 생길 것이다.

다음에 올 자원 위기는 이전에 겪었던 대공황 때의 생산성 위기와 오일쇼크 때의 소비성 위기 그리고 지금의 유동성 위기를 전부 합친 것보다 더 큰 위기이다. 더욱이 우리가 이제까지 이루어놓은 과학기술 문명 전체를 퇴화시킬 수 있다는 점에서 더 큰 문제라고 할 수 있다. 이때의 위기는 어느 한 지역의 위기라기보다는 전 세계가 동시에 대처하고 공동으로 협력하여 헤쳐나갈 위기이다.

자원 고갈에 대비하자

현재 화석연료에 의한 의존도가 거

의 절대적이다. 만일 화석연료인 석유가 고갈되거나 없어진다면 우리는 다시 원시시대로 돌아가야 한다. 그 정도로 우리 주변의 모든 사물이 화석연료의 의존을 벗어나서는 존재할 수 없게 되었다. 심지어는 우리의 먹거리가 화석연료에 의해 계절에 관계없이 양산체계를 갖추고 있다. 그렇기 때문에 화석연료의 고갈은 우리 인류의 생존조차 위협하는 중요한 요소이다.

우리에게 무한이 있을 것처럼 보이는 화석연료는 지금과 같은 추세로 사용한다면 2050년에는 바닥을 드러낸다고 한다. 다시 말하면 그때가 오면 더 이상 화석연료는 우리의 생활에 편의를 주거나 삶의 질을 향상시킬 수 있는 도움을 주지 못한다는 뜻이다. 더구나 우리와 같이 석유가 한 방울도 나지 않는 비산유국은 더 큰 문제에 봉착한다. 이제까지는 산유국들이 비교적 후진적 국가들이기 때문에 자신의 부존자원인 석유를 팔아 생활을 영위해 왔다. 그러나 그들이 차츰 현대화하고 공업화하여 더 이상 외국에 석유를 팔지 않고 자국 내에서 소비하려고 하면 우리와 같이 석유가 한 방울도 안 나는 나라는 더 이상 석유를 구할 방법이 없어진다.

이것은 앞서 언급한 2050년이 아니라 그보다 훨씬 전인 2020~2030년경부터 시작될지도 모른다. 왜냐하면 산유국들도 자신의 석유자원이 머지않아 고갈될 것을 알기 때문에 자신들이 쓸 수 있는 석유자원을 확보하기 위해서 방어적으로 원유 수출을 줄일 것이 명확하기 때문이다. 이러한 점을 감안하면 우리는 지금부터라도 화석에너지에 대한 보다 적극적이고 심도 깊은 대책을 세우고 하나하나 실천해 나가야 한다. 원유에 대한 대책은 3가지가 될 수 있다.

첫째, 비축이다. 머지않은 미래를 위하여 원유의 공급이 끊길 때를 대비하여 다른 조치를 취할 수 있는 기간을 벌기 위해 10년 정도 사용할 원유를 비축해야 한다. 그렇지 않으면 우리에게 공급되는 원유가 어느 날 갑자기 중지될 경우 우리의 산업은 물론 국가의 모든 기능이 쉽게 마비되기 때문이다. 이는 지금의 에너지 수급 정책과 같이 단순히 원유 값을 적게 들이기 위한 구매 위주의 정책에서 공격적으로 원유 확보에 힘써야 한다는 뜻이다. 단지 공급을 원활히 받고 저렴하게 구입한다는 것으로는 부족하다. 그래서 수입 다변화 정도의 정책이나 해외 유전 개발 정도의 정책만으로는 안 된다.

원유 자체를 우리가 언제든지 쓸 수 있도록 우리나라 안에 저장해야 한다.

둘째, 대체 에너지 개발이다. 과거 1970년대 에너지 위기 때 우리는 석유의 부족이 무엇을 뜻하는지 충분히 경험하였다. 산유국의 태도에 따라 국가 정책도 바꾸어야 한다. 그리고 석유 수급 부족으로 상당수 산업이 마비되어 국가 경제도 휘청거리는 정도였다.

다행히 그 당시에는 중동의 국가들이 자신의 오일달러를 다시 풀고 원유를 증산하는 과정에서 위기가 해소되었다. 그러나 이러한 에너지 위기는 상황에 따라 언제든지 재발될 수 있는 위기이기 때문에 석유 의존도를 일정수준까지 낮추어야 한다. 또한 더불어서 대체 에너지로 쓸 수 있는 여러 가지 방안을 지속적으로 연구하고 투자하며 대비해야 한다.

셋째는 재활용이다. 재활용은 지금도 자원 재활용 차원에서 여러 가지 정책과 방법이 연구되고 있고 실천되고 있다. 그러나 앞으로 자원 고갈 위기에서의 대책이 되려면 단순히 재활용 차원이 아니라 보다 과학적이고 재생산적인 차원에서 연구되고 검토되어야 한다. 그래서 재활용 자체가 하나의 자원 축적 차원에서 시행되어야 한다.

이상의 3가지 방책 외에 우리 국가 주변의 가까운 곳에 확실하게 우리 것이라고 할 수 있는 석유 및 기타 자원을 개발하여 확보하도록 노력해야 한다.

자원 고갈의 다른 한편으로는 먹거리 고갈이다. 바다의 어족자원을 지금과 같이 잡아들이면 앞으로 40년 정도 후면 고갈된다고 한다. 지하 자원과 수산 자원 그리고 에너지 자원이 고갈되면 우리는 무엇을 먹고, 무엇을 입고, 무엇으로 지금과 같은 생활을 향유할 수 있겠는가?

지구 온난화에 대비하자

지구가 더워지고 있다. 극지방의 얼음이 녹아내리고 수만 년 동안 동토의 땅이 녹아 지반이 가라앉는 등 우리의 주변에서 지구 온난화의 이상 징후들이 자꾸 발표되고 있다.

우리나라는 온대 지방에 속하고 4계절도 뚜렷해 사람들이 살기에는 최적의 지역이다. 그래서 일찍부터 사람들이 정착하여 살아왔기 때문에 그에 걸맞게 오랜 역사를 가지고 있다.

이제부터는 우리도 온난화에 대비해야 한다. 혹자는 왜 날씨가 따뜻해지면 더욱 좋은 것이 아닌가 하고 반문할지도 모른다. 그러나 우리에게 다가오는 것은 더워지는 날씨뿐 아니라 날씨의 변화에 못지않게 뒤따른 환경의 변화가 더 큰 문제가 된다.

극지방의 기후 변화로 지구상의 기존 기후 체계가 변하여 이제까지 동토였던 시베리아가 살기 좋은 온난한 기후의 옥토로 변할지도 모른다. 더불어서 사막지대인 사하라나 고비 사막과 같은 지역에 비가 내려 사바나나 정글로 변할 수도 있다.

이렇게 된다면 오히려 우리와 같이 살기 좋았던 곳이 비가 오지 않아 황폐한 곳으로 변하여 살기 어려운 지역으로 변할 수도 있을 것이다. 바로 이것을 대비해야 한다. 이러한 생각이나 판단이 너무 앞서 가거나 오류일 수도 있다. 그러나 대비를 못해 나중에 더 큰 환란을 겪는 것보다 지금부터라도 조금씩 대비하는 것이 막상 닥쳤을 때 우왕좌왕하는 것보다 훨씬 낫다는 것을 유념해야 한다. 그래서 지금 범세계적으로 진행하고 있는 이산화탄소 감축에 의해 지구 온난화를 막아보자는 정도의 환경 운동으로는 부족하다. 특히 우리에게 다가올 지구 온난화에 따른 지구의 황폐화는 우리의 먹거리와 그에 관련된 농수산식품의 조달 문제와 기아 문제 등에 연결되어 있어 지금부터라도 적절한 대비책이 필요하다. 덧붙여서 우리와 같이 물 부족 국가는 식수 및 농공 용수 수급에도 큰 차질을 가져올 수 있어 지금부터라도 대비해야 한다.

다시 말하면 ‘물을 물 쓰듯’ 해서는 절대 안 된다. 우리는 지금부터라도 물을 미래의 생명 자원으로 인식하여 물의 저장, 재활용, 필요에 따라서는 해수를 담수로 대체할 수 있는 시설을 축조해 나갈 필요가 있다.

밑 빠진 독에 물 붓기 – 공적자금

독 아랫부분에 금이 가거나 깨진 독을 버리기 아까워서 그것에 물을 저장하려고 물을 부어넣으면, 그 독은 일시적으로 물을 모아두어 마치 자신의 역할을 다하고 있는 것처럼 보인다. 그러나 시간이 지날수록 서서히 물이 빠져나가 결국에는 독에 부었던 물이 한 방울도 남지 않고 빠져나가게 된다.

이때 어리석은 사람은 그곳에 또 다시 자신이 구할 수 있는 귀중한 물을 붓게 된다. 그러나 이 또한 시간이 지나면 깨지고 금간 부분을 통해 다 빠져나가고 만다. 이러한 것이 몇 차례 반복되고 나면 그 다음에는 무엇으로 물을 구해 더 채울 것인가. 또한 과연 채워 넣은 물이 남아있을 것인가. 이것이 깨진 독의 딜레마이다.

우리의 경제구조도 유동성 위기를 유발할 정도의 깨진 독이다. 이것을 해결한다고 물 붓기처럼 공적자금이나 국민의 혈세를 계속 무조건적으로 부어 넣을 것인가. 이러한 방법의 종국은 뻔한데 계속 미봉책으로 임기응변식의 땜질처방만 할 것인가.

깨진 독은 물을 붓기 전에 깨진 원인과 깨진 부위와 금이 간 부분을 빨리 찾아내서 보수하고 보완시켜야 다시 물을 부어도 독으로서의 소임을 다할 수 있다. 그런데 급하다고 물부터 부어 넣는다면, 그것은 밑 빠진 독에 물 붓기처럼 나중에 소중히 써야 할 물을 낭비만 하는 꼴이 된다. 그리고 정작 독을 다 고쳐도 그 독에 담을 물이 남아있지 않을 수 있어서 또 다른 만성적 위기를 맞게 될 수 있다.

이러한 밑 빠진 독에 물 붓기 상황을 만들지 않으려면 우리는 우선 독부터 정확히 고치는 노력을 하여야 하며, 그 과정에서 다가오는 고통을 감내해야만 비로소 맑은 물을 얻을 수 있다. 이와 같이 경제위기는 원인을 정확히 파악하여 경제체계를 고치고 자금 투입이 되어야 한다.

남의 떡이 더 커 보인다 - 부동산

외환위기 이후 침체된 경기를 되살리기 위해 포퓰리즘 정책이라는 비난에도 불구하고 국가는 건설경기 부양책을 썼다. 이러한 건설경기 부양책에 힘입어 부동산 경기가 살아났다. 그러나 경기의 활성화가 가속화되면서 일부 지역의 부동산 가격은 천정부지로 오르기 시작했다. 설상가상으로 은행이 기업대출보다 소매대출인 가계대출, 특히 아파트 부분에 대출을 치중하자 집값의 상승이 가속화됐다. 그러자 집값이 오르는데 걱정이 되는 내 집 마련 계층과 일확천금을 노리는 부동산 투기 세력과 합작이 되어 기름에 물 붓듯이 아파트 값은 끝없이 상승하여 오히려 서민의 발목을 잡았다.

이렇게 아파트 가격이 상승함으로써 일부 투기지역의 재건축 아파트 값도 하루가 다르게 올라 또 다른 부동산 상승 요인으로 작용하였다. 그래서 서민의 대출 폭은 더욱 커져만 갔고, 이것을 채우기 위한 은행의 대출 또한 늘어나 국민 개개인의 빚이 기하급수적으로 늘어났다. 다행히 아파트 가격의 상승은 건설경기를 활성화시켜 외환위기로부터 빨리 헤어날 수 있는 계기를 마련해 주었다. 그러나 이것은 경기 활성화와 맞물려 국민 전체에게 부동산 가격 상승에 대한 기대감과 상승에 의해 생긴 불로소득적 이익으로 얻어진 재산에 대하여 맹신하게 만들었다. 그래서 이것을 통해 얻어진 재화를 향유하기 위해 해외여행이나, 웰빙이나, 골프나, 영화, 스포츠 등의 유흥비와 문화생활비에 치중하였다. 이 때문에 자신의 빚을 생각지 못하고 주체하지 못할 돈을 쓰고 말았으며, 고스란히 빚으로 남았다. 그러나 이것은 허상이다. 왜냐하면 우리는 우리의 재산이 부동산 투자를 통해 증식되었다고 생각하지만, 면밀히 따지면 우리는 대출을 받아 집을 샀고, 그래서 은행에 빚을 지고, 그 빚을 매월 월급으로 갚아가야 하기 때문에 해마다 재산세를 내가며 월세를 살고 있는 상황이다. 더욱이 재산세는 실제 소유자인 은행이 아니고 자신이 내면서 경기 하강에 따른 재산 가치 하락에 대한 부담도 지게 되는 것이다.

부동산은 재산이다. 그러나 이제는 부동산을 통해 부를 축적하며 투기를 조장하지 말고 '남의 떡이 더 커 보인다' 는 관념에서 벗어나야 한다. 부동산을 소유의 개념으로 보지 말고 거주의 개념으로 보아야 한다. 그래서 더 이상 은행에 빚을 지지 말고 불필요한 유동성을 키워 위기를 맞지 않도록 해야 한다.

주머닛돈이 쌈짓돈 – 증권

증권은 자본주의 총아이다. 주식을 통해 회사들이 자금을 모으고, 그것을 통해 설비투자를 확장할 수 있는 여력을 갖게 된다. 이러한 주식이 거래되는 증권시장은 유동성의 큰 축을 이루는 부분이 된다.

현대의 자본주의 경제논리에서는 주식이 재산 축적의 수단으로 사용되기 때문에 주가의 오르내림이 주식시장의 가장 큰 관심사이고, 너도나도 주식을 이용하여 부를 축적하려고 한다. 그러나 주식에 아무리 외부 투자액이 증가되어도, 그것은 정해진 크기의 파이와 마찬가지이다. 결국 주머닛돈이 쌈짓돈처럼 총액이 정해져 있어 누군가에게 이익이 되면 반드시 누군가가 손해를 보게 되는 시장이다.

너나 할 것 없이 모두 주식을 통해서 돈을 벌 수 있다면, 그때 벌 수 있는 돈은 어디서 나오는 것인가. 주식이 투기가 되는 이유도 여기에 있다. 내 돈 내고 다른 사람의 돈을 취한다는 것이 어쩌면 형식은 달라도 도박과 마찬가지이며, 결국에는 소액 투자자는 잘돼야 본전을 하거나 손해를 보게 되는 것이다.

주가가 올라서 이익을 보는 것처럼 보이나 주가가 올라 투자자들이 이익을 볼 수 있는 한계는 외부 유입 자금 없이는 그해 물가상승률과 투자한 회사의 연간 이익 배당률 이상은 될 수가 없다. 그런데 이때 들어온 외부 유입 자금은 왜 들어왔겠는가. 그들도 한몫 잡으려고 들어온 것이 아닌가.

그렇다면 액면가보다 터무니없이 오른 것은 결국 거품이거나 남의 몫을 취하여 오르게 된 것이다. 이때의 남의 몫이란 내 이웃이거나 동족의 돈을 주식을 통해 갈취해 먹는다는 의미 이상 아무것도 아니다. 증권에서 오가는 돈은 결국 주머닛돈과 같아서 누가 많이 취하면 다른 누가 적게 취할 수밖에 없다. 그래서 경기에 따라 주식이 오르내릴 때 증권 투자는 결국 도박과 마찬가지인 것이다.

주식에 참여하는 그룹을 나누면 기관 투자자, 외국인 투자자, 소액 개인 투자자로 구분할 수 있다. 그들 모두가 자신의 이익을 위해 증권시장에 참여하고 있다. 그러나 결국에는 기관투자자나 외국인투자자에 비해 상대적으로 정보가 적은 개인투자자들이 대체적으로 희생양이 되어 유지되고 있는 것이 증권시장이다. 그렇기 때문에 증권시장의 원래 목적인 주식회사의 자금 모집 수단으로 돌아갈 수 있도록 구조조정이 필요하다.

남이 시장에 간다니까, 거름 지게 지고 따라 나선다 – 펀드

자본주의의 주체는 자본이다. 이러한 자본주의 이념에 따라 모두가 자기의 자산을 이용하여 또 다른 재화를 창출하려고 하는 것은 이념적으로 옳다. 자기의 자산을 증식해서 그것으로 삶을 윤택하게 하고 남보다 잘살려고 하는 점에서 자산의 증식 방법이 연구되고, 개발되어 사회에 널리 퍼지고 있다. 그러나 이것은 자본으로 흐르지 않고 돈에 의한, 돈을 위한 돈의 움직임이기 때문에 우리 사회에 직접 생산적 기여 없이 단순 소비로만 흘러 불로소득적인 성향을 띠고, 종당에는 사회에 손실을 준다.

금융상품으로 우리가 펀드라는 개념을 도입하여 지금은 마치 펀드를 모르면 시대에 뒤떨어진 사람으로 여기며 너도나도 참여한다. 그래서 있는 돈, 없는 돈 모아 펀드를 통해 이득을 취하려고 한다. 그리고 한때는 해외 펀드, 곡물 펀드, 광물 펀드 등에 투자하여 수익을 올리기도 하였다. 그러나 펀드라는 것은 헤지 펀드와 마찬가지로 투기성이 강하기 때문에 국제 여건 변화에 따라 심각한 손해도 감수해야 한다. 상황 여하에 따라서는 큰 손해도 감수해야 하는 것이다. 이러한 점을 무시하고 금융 산업 활성화를 위해 펀드를 육성하고 권고하여 선의의 투자자들을 울리는 경우도 생기게 되는 것이다.

펀드는 증권과는 달리 직접 투자가 불가능하다. 중간에 은행이나 투자은행을 통해 간접 투자를 하는 것이다. 그래서 증권보다 투기성이 훨씬 강하고 위기에 처했을 때 신속한 대비가 안 된다. 그러나 펀드에 투자하는 사람들은 금융기관만 믿고 이러한 위험성을 인식하지 않는 것 같다.

이러한 위험성을 잘 인식하고 '남이 장에 간다고 거름 지게 지고 따라나선다' 라는 식이 되어서는 안 되겠다. 그렇지만 투기성이 강해 상황 여하에 따라 큰 손해를 볼 수 있는 펀드에 열광하는 요즘 투자자들의 경향을 볼 때, 그들이 그러한 것은 아닌가를 생각해 본다.

언 발에 오줌 누기 – 금리

항해를 잘하던 배가 침몰하는 것은 여러 가지 이유가 있을 것이다. 화물이 너무 무거워서, 배에 구멍이 나서, 높은 파도를 견디지 못해서 등 그 어떤 것이라도 바다 한 가운데서 일어났다면, 그 배는 반드시 침몰하게 될 것이다. 우리는 배의 상황을 보고 침몰할 것인지, 아니면 안전할 것인지, 구조될 수 있을 것인지를 알 수 있다. 그러나 어떤 경우에는 침몰이 예정되어 있고 또 침몰하는 중일 수도 있다. 그래서 생각이 짧거나 판단이 부족하면 침몰하는 배를 모르고 거꾸로 올라타는 경우도 생길 것이다. 침몰하는 원인이 무엇인지 간에 그 위에 올라타면 어쩔 수 없이 같이 침몰되는 것은 인지상정이다.

우리는 침몰하는 배에 올라타면 어리석은 사람이라고 이야기한다. 그러나 우리의 경제는 위기 상황으로 가고 있다. 그런데도 남이 한다고 우리도 따라서 하고 있다. 우리도 미국의 상황을 본받아 금리를 내리고 있다.

금리를 내림으로써 경기활성화에 기여하고, 개인이나 기업의 은행대출에 대한 부담도 덜어주려는 너무 좋은 목적에서 우리나라도 같이 덩달아 내리고 있다. 다시 말해서 다른 나라가 내리니까 내린다는 당연한 명분에서 금리를 조정하고 있다. 이것은 남이 하니까 따라 한다는 부화뇌동의 행동이다. 마치 언 발에 오줌 누기와 같이 초기에는 다소 효과가 있는 것처럼 보이나, 결국 오줌이 식으면 발이 더 얼어 버리는 것처럼 역효과가 생길 수 있다.

다른 나라에 맞추어 금리를 내리는 것도 좋다. 그러나 기준금리가 벌써 마이너스 상태이다. 앞으로도 상황에 맞추어 더 내리겠다고 한다. 이렇듯 기준금리를 어떤 명백한 기준 없이 내리기만 한다면 문제가 아닐 수 없다. 그것은 결국 우리의 경제가 혹시라도 좋아지지 않고 더 큰 위기로 빠져든다면, 그때 가서는 경기를 되살릴 어떤 카드가 남아 있겠는가. 또한 최저점을 치고 다시 부양돼서 오를 때 무엇을 이용해 힘을 보태줄 것인가. 침몰할 때는 배에 화물을 싣지 않는다. 오히려 내가 올린 화물도 다 잃어버릴 수 있으며, 침몰 시기만 더 빠르게 할 뿐이다.

외상이면 남의 집 소도 잡아먹는다 - 외채

우리는 20세기말(1997년)에 외환 보유 부족으로 인한 외환위기를 겪어왔다. 외환위기의 원인은 여러 가지로 분석되고 결론지어졌다. 그러나 그것은 원인을 외적인 것으로 책임을 돌리기 위한 노력의 결과이다. 우리는 외환위기의 실제적 잘못이 우리에게 있다는 것을 알아야 한다. 다시 말하면 위기를 유발시킨 외적 요인보다 우리 자신의 책임이 더 크다는 것이다.

외환위기가 오기 전에 우리는 얼마나 흥청망청했는가를 살펴보면 알 수 있다. 해외여행이다, 사치품 수입이다, 불필요한 가구 및 전자제품 구매 등의 소비만능주의에 빠져서 지내 왔으며, 그 당시 국가 정책도 소비촉진의 정책을 유지하고 있었다. 심지어는 중국에 놀러간 여행자가 술집 여급들에게 100달러짜리 팁을 주지 않나, 중국이나 동남아에 가서 흥청대며 놀다가 곰쓸개 등을 대량으로 밀수해오지 않나 등등 이루 헤아릴 수 없는 호사와 낭비의 극치를 이루었다. 이러한 터무니없는 몰지각한 과소비가 우리의 외환을 고갈시켜서 외환위기를 불러온 것이다. 다시 말하면 외적인 영향인 태국의 바트화 위기나 국내에 들어와 있던 외국의 투자자금의 이탈이 주요 요인이라기보다는 우리 자신의 과소비가 오히려 더 큰 원인이었다.

그 후 외환위기를 해결하였다고는 하나, 그 또한 외국으로부터 많은 돈을 외평채 등으로 빌려와 공적자금으로 만들어 투입한 결과이다. 그러나 과거 외환위기로 인한 고통을 잊어버리고 구조조정을 하는 과정에서 금융 분야의 도덕적 해이를 불러왔고, 또 다시 우리는 흥청망청하기 시작했다. 그래서 우리는 너도나도 불로소득을 찾기 시작해 부동산, 증권, 펀드 등의 투기가 일상화된 것이다.

이러한 부동산, 증권, 펀드의 투기로 사회는 서로간의 경쟁 속에 가두어 상호 신뢰를 망치고, 생산을 벗어난 허황된 소비에 치중하여 미국 등의 선진국을 뒤따라, 우리는 또 다른 위기에 처하게 되었다.

신선놀음에 도끼자루 썩는지 모른다 – 경기부양

화투나 도박을 하는 사람들은 어느 누구나 자신이 잃게 될 것을 생각하지 않는다. 머릿속에는 항상 딸 때와 잘될 때의 망상에 사로 잡혀있기 때문이다. 위기가 닥쳐오면 사람들이 희망을 잃지 않는 것도 이와 같은 경우일 것이다. 그러나 현실은 현실이다. 지금 당장의 고통이나 어려움도 지금의 상황이고, 우리가 헤쳐나가야 할 현실이다. 과거에 잘 먹고 잘 살던 시절에 연연해서 지금의 현실을 호도하거나 착각해서는 안 된다.

현재 우리의 위기에 대한 대응은 아직도 과거의 웰빙에 취해 있어 경기부양이나 거품 내기에 치중하고 있다. 그래서 위기를 딛고 일어날 수 있는 뱃심 기르기와 허리띠 졸라매기의 적절한 시기를 놓쳐서는 안 된다. 방만한 방송연예 및 스포츠 분야의 과도한 연봉, 경기 상금, 부동산 투기 및 집값 상승 기대, 증권·펀드의 대박 등 아직도 위기의 본질이 무엇인지 모른다. 지금 우리가 겪고 있는 위기의 원인이 자신들에게 나왔다는 것을 인식하지 못하고 '신선놀음에 도끼자루 썩는지 모른다'는 행태에서 우리의 위기 해결은 또 요원하다.

자본주의가 자기 능력껏 벌어 부를 축적하는 것이라면 기득권이 대중적 인기에 영합해서 천정부지의 개런티나 연봉을 받는 것은 잘못된 것은 아니다. 그러나 그것이 유동성 포퓰리즘에 영합하여 사회적 불평등을 초래하고 불로소득을 조장하는 경우는 이야기가 다르다. 다시 말해서 그러한 것들이 게으름과 나태와 방만함을 키워 우리의 위기를 헤쳐나가기 어렵게 한다.

위기는 국가와 국민 모두가 합심해서 벗어나도록 힘써야 하며, 합심하려면 상생의 덕이 필요하다. 그리고 상생은 서로의 나눔이 선행되어야 한다. 서로의 나눔이란 의도적인 부의 집중이 아니고, 사회의식 속에서 부의 집중을 막고자 하는 자세가 필요하다.

사돈 남 말 하듯 한다 - 빈부격차

과거의 외환위기를 거칠 때 우리 국민 대다수는 큰 고통을 겪었다. 경제위기는 그 특성상 고통의 분담 정도가 상위 계층으로 가면 갈수록 가볍고, 서민층으로 가면 갈수록 심해진다. 이렇기 때문에 고통의 대부분을 서민이 부담해야 하며, 고통 자체를 해결해야 할 몫도 대부분 서민이 지게 된다. 명예퇴직, 고용불안, 부도, 사업실패로 인한 자살, 파산, 신용불량 등의 모든 것이 서민의 분담이다.

외환위기 당시에도 정부의 고위직 공직자, 정치인, 재벌 등의 상위 계층은 오히려 감추어둔 돈이나 재산으로 인생을 구가하며 살고 "이대로!"를 외치며 축배를 들었다고 한다. 그 후 공적자금을 투입하였어도 그러한 계층의 사람들은 도덕적 해이의 의식으로 공적자금을 횡령하여 치부의 대상으로 삼았던 것을 우리는 알고 있다.

앞으로 우리에게 닥쳐올 유동성 위기는 어쩌면 과거의 외환위기와 같이 서민들만 고통을 받고 정작 그 원인을 만들어 놓은 계층은 또 다시 "이대로!"를 외치게 될지 모른다. 자신의 일이 아닌 남에게 닥쳐진 일로 보고 적당히 넘어가려는 행태를 우리는 '사돈 남 말 하듯 한다'고 한다.

같이 고통을 겪어야 할 사람들이 자신이나, 가족이나, 형제가 아니라고 남의 일 겪듯 접하고, 그 가운데에서 고통을 분담하지 않으려고 잔꾀를 쓴다면 우리는 유동성 위기를 외환위기 때와 같이 쉽게 넘어 갈 수는 없을 것이다.

반드시 국민 모두가 계층 여하를 막론하고 고통을 분담하여야 한다. 특히 소득 상위 계층은 서민의 고통을 줄여주는 차원에서 소득의 상당수를 내놓아야 하며, 정치인, 국회의원 등은 세비를 삭감하고, 고위공직자들은 자발적으로 월급을 낮추어야 한다. 게다가 금융 분야, 재벌기업의 임원들은 연봉을 깎아서 그들도 고통의 대열에 참여해야 위기를 해결할 수 있는 것이다. 그래야 더 심한 고통을 받는 서민들에게 기운을 돋아 줄 수 있는 것이다.

돌다리도 두들겨 보고 건너라 – 경제정책

국가의 정책을 세우고 집행함에 있어 효율적이고 합리적이며, 공리적 효과가 나타나야 한다. 이것은 집행 후 반드시 결과가 좋아야 한다는 말이다. 그러나 언제부터인지 국가 정책을 세우는 사람과 집행하는 기관 모두 잘못된 결과에 대해서 전혀 책임을 지지도 않고 묻지도 않는 세상이 돼 버렸다.

그래서 누구도 정책에 대한 책임을 지지 않고 쉽게 결정하고 심사숙고 없이 집행하기 때문에 잘못 집행된 정책이 생기지 않을 수 없다.

서해안 기름 유출 사고로 그 지역 주민들은 엄청난 피해를 입었다. 그리고 우리 국민의 상당수가 자원해서 기름 제거에 나섰고, 지금은 상당히 좋아진 것으로 나타났다. 그러나 내면적인 것을 보면 다급한 마음에 해변 모래밭을 중장비로 뒤집어서 다져놓아 갯벌 생태계를 망가뜨려 놓았으며, 자갈이나 바위에 묻어 있는 기름은 고압 살수기로 씻어내 어떤 미생물도 살 수 없는 환경을 만들어 생태계의 복원이 요원하게 만들었다.

이것은 급하게 서둘러서 피해 복구를 하려는 마음에서 집행한 정책적 오류의 하나이다. 우리 속담에 '급히 먹는 밥에 체한다' 라는 말이 있다. 또 '급할수록 돌아가라' 라는 말도 있다.

미국발 유동성 위기는 아직 우리에게 절실하게 다가오지 않았다. 다만 간접적인 영향을 받고 있는 것뿐이다. 그러나 조만간 우리는 더 절박한 위기를 맞게 될 것이다. 그때를 대비해서 우리는 마음의 준비를 갖추고 있어야 한다.

그리고 위기는 예정되어 있기 때문에 의연하게 맞아야 하며 결코 서둘러서는 안 된다. '서둘러서 행동하면 한가할 때 후회한다' 는 것과 같이 국가 정책의 오류도 없어야 하겠지만, 뒤에 가서 후회할 성급함은 없어야 하겠다.

정책의 결과는 반드시 좋아야 한다. 서둘러서 잘못된 정책을 세워 더 길고 큰 고통을 국민에게 안겨줘서도 안 되지만, 그에 따른 무책임도 절대 안 된다.

그래서 위기에 대한 대책은 '돌다리도 두들겨 가듯' 신중에 신중을 기하고, 그 결과에 대해 책임을 지는 자세로 가야 한다.

닭이 먼저냐, 달걀이 먼저냐 – 물가

고용이 위기 해결의 중요한 화두가 되었다. 마치 고용만 유지된다면 모든 것이 해결되는 것처럼 오해를 하고 있다. 그러나 고용은 위기 해결의 단초일 뿐 필요충분조건은 아니다. 고용이 확산되어 모두가 직장을 갖게 된다고 쳐도 유동성 위기는 해결되지 않는다. 고용을 통해 생산과 소비가 진작된다고 하여도 고용 자체가 저임고용이나 일시적인 고용이 되기 쉽다. 그렇기 때문에 생산을 유발시킬 구매력이 확산되지 않아 소비진작이 어렵다.

고용은 근로자의 임금의 원천이다. 임금이 높아지면 근로자의 생활에 여유가 생긴다. 그러나 임금의 향상은 생산 원가를 높여 소비 물가를 상승시키기 때문에 상승된 효과를 보기 어렵다. 그래서 임금이 올라도 물가가 더 올라 실질적으로 임금 상승이 안 된 것으로 느껴지는 이유가 이것이다.

그래서 우리가 위기를 해결하기 위해 고용의 증대도 중요하지만, 일거리 나누기나 일자리 나누기를 하기 위해서는 저임금에도 살 수 있도록 물가를 잡아야 한다. 이러한 물가를 잡으려면 생산 원가나 관련된 세금을 낮추어야 한다. 그 중 생산 원가를 낮추는 것은 원자재비를 조정하는 것이 어렵기 때문에 임금을 낮추는 방법 외에는 없다.

이렇듯 고용을 확대하려면 임금을 낮추어야 하고, 임금을 낮추려면 물가를 내려야 하기 때문에 이 모든 것이 서로 하나의 고리처럼 엮어져 있다. 그래서 마치 '닭이 먼저냐, 달걀이 먼저냐'와 같이 누군가의 희생이 선행되지 않으면 위기의 해결에 어려움이 따를 수밖에 없다. 그러면 과연 누가 먼저 희생을 할 것인가. 공공요금과 물가를 쥐고 있는 계층은 주로 대기업, 공공기관, 공사 등과 같이 사회적으로 기득권과 혜택을 받는 그룹이다. 그리고 물가의 상승에 대한 피해를 받는 계층은 주로 근로자나 서민이다.

그러면 어디서부터 위기의 고리를 풀어야 할지는 자명하다. 기득권과 혜택은 사회에서 부여해 준 것이기 때문에 지금과 같이 어려운 시기에는 사회를 위해 반납해야 한다. 다시 말하면 공공요금이나 대기업이 주도하는 물가 내리는 일에 앞장을 서야 한다는 뜻이다.

이제부터는 물가 상승을 당연한 것처럼 받아들이지 말고 오히려 물가가 내려가는 것을 자연스럽게 여겨야 한다. 그렇지 못하면 고용도, 생산성 향상도, 소비도 공염불이 될 것이다. 그리고 물가를 잡지 못하면 유동성 위기의 해결도 요원할 것이다.